湿地有约
——杏花村生物多样性研学课程

主　编　沈姗姗　程晓丽
副主编　石松平　夏丽丽　黄　沛

中国林业出版社
China Forestry Publishing House

图书在版编目（CIP）数据

湿地有约：杏花村生物多样性研学课程 / 沈姗姗,
程晓丽主编；石松平, 夏丽丽, 黄沛副主编. -- 北京：
中国林业出版社, 2024.7. -- ISBN 978-7-5219-2745-0

Ⅰ. G633.912
中国国家版本馆CIP数据核字第202444M1G4号

策划编辑：肖　静
责任编辑：许　玮
装帧设计：北京八度出版服务机构

出版发行：中国林业出版社
　　　　（100009，北京市西城区刘海胡同7号，电话83143577）
电子邮箱：cfphzbs@163.com
网址：https://www.cfph.net
印刷：河北京平诚乾印刷有限公司
版次：2024年7月第1版
印次：2024年7月第1次
开本：787mm×1092mm　1/16
印张：13
字数：210千字
定价：68.00元

编写委员会

主 编

沈姗姗 程晓丽

副主编

石松平 夏丽丽 黄 沛

参 编

汪菁菁 程梦圆

序言

2023年3月,我作为"中德财政合作——池州杏花村生物多样性保护和发展"项目的自然教育专家来到池州。在既往的印象中,池州是一座拥有升金湖、牯牛降、平天湖、秋浦河、贵池十八索等享誉国内自然保护地的生态绿城。当我真正走入这座宁静又清秀的小城,能格外感受到这里所得到的自然眷顾。依偎在秋浦河畔的杏花村湿地,被河流的四季涨落所滋养,一年四季鸟飞鱼跃、绿意盎然,尤是这个城市腹地的生命乐土。

与此同时,我第一次结识了这本《湿地有约——杏花村生物多样性研学课程》的编写团队,并开始了之后一年半的陪伴并见证了其成长。为杏花村湿地设计一套研学课程并面向公众组织开展研学活动,是体现整个项目社会公益价值的重要内容。根据以往的经验,我深知这是个不小的挑战。对于湿地的管理者而言,他们业务熟练,却不擅长与公众沟通互动;而对于自然教育团队,要深耕在地资源,基于理解而进行个性化的课程研发和实践,亦非易事。

在后续的交流过程中,池州学院的编写团队慢慢打消了我的担忧,他们怀揣着对自然的热爱和对家乡的情感,把这套课程当作自己的孩子一样,从最初的选题到课程框架搭建,再到每个课程内容,都进行细心打磨、反复推敲。已经记不清有多少次我们和池州自然保护各领域的专家们坐在一起说课、研讨,作为主创和负责人的沈姗姗老师总是说:"不需要客套的表扬,更渴望批评和建议,只有这样才能帮助我们把这本书写好、用好。"正是因为编写团队有这样开放、谦逊又严谨的态度,才让这套课程一点一点趋于完善,从一本项目报告慢慢蜕变成为今天我们看到的出版物的样子。更让我惊讶的是,在课程初稿基本完成之后,老师们还用将近半年的时间,对所有的课程模块进行了逐一试课,他们带着自己的学生和孩子,开放式地邀请池州当地的家庭一起来参与,并且认真细致地记录了试课过程中遇到的问题,以此不断优化课程的可操作性。

序　言

　　如果说过去十年是中国自然教育蓬勃发展的黄金期，那么2016年教育部牵头11部委，提出并大力推动的中小学研学旅行，应该是推动自然教育和学校教育融合的重要里程碑事件。自此以后，自然教育更加广泛地被社会所了解和接受，并且成为青少年核心素养教育的重要途径之一。我知道，有很多自然教育的伙伴们都在不同的城市和不同的山水之间探索和实践如何把自然教育和研学更好地融合发展，这也让这本书的出版更显得恰逢其时。它为我们提供的不仅是一套走进湿地、感受自然的活动方案，也为我们呈现了如何带领孩子们去认识、理解自己的家乡，在感受自然之美的同时，去理解自然背后的科学规律，理解自然保护的紧迫性和重要性，更重要的是，培养其自然保护和生态文明的观念及行动力。

　　诚然，这本书并非完美。无论从课程设计的理论方法体系，还是具体方案内容的知识点、流程和组织管理细节，都还有不断优化、完善和丰富的空间。我愿意不吝惜自己的溢美之词和诚挚祝福，是因为期待这本书中精彩纷呈的研学活动能在未来被更多的老师看到，被更多的孩子参与和体验到，而在这些不断互动和反馈的过程中，这本书也会像一个自然的生命体，不断变化、蜕变、演替、成熟。相信通过这些研学活动的系统组织和推广，池州的青少年和来到池州的人们，会有更多机会去了解这片秋浦河畔充满自然野趣和人文底蕴的魅力湿地，了解它所承载和记录的人与自然千百年来相依共生的智慧和故事，并在它的启迪下，更好地去守护这片自然热土，带着对自然的敬畏和热爱，走向未来。

雍怡　博士

复旦规划院生态环境分院

自然教育战略研究中心主任

2024年5月于上海

前言

"清明时节雨纷纷,路上行人欲断魂。借问酒家何处有,牧童遥指杏花村。"因晚唐诗人杜牧的《清明》一诗而闻名全国的安徽省池州市西郊的杏花村,不仅是一个历史底蕴深厚的千年古村,也是一个生机勃勃的省级湿地公园。这里水波荡漾,芦苇摇曳,鸟鸣虫唱,万物共生,构成了一幅美妙和谐的自然画卷。杏花村湿地这片自然与人文交相辉映的宝地,正是我们开展研学活动的绝佳场所。

研学旅行不仅是一种新型的教育方式,更是一种寓教于乐的体验活动。随着研学旅行的蓬勃发展,研学课程的开发得到了极大的推动。《湿地有约——杏花村生物多样性研学课程》是一本聚焦如何引导孩子们探索湿地奥秘、领略生物多样性魅力的书籍,它将课堂知识与实际体验相结合,围绕湿地生态系统、湿地动植物资源、传统文化中的自然智慧等领域提供了6个主题22个课程单元的研学课程方案。全书提供了研学行程安排、知识准备、单元重组建议等内容,所有课程单元均经过面向公众试课、复盘打磨提升的过程,教学流程全部来自真实的研学活动经验,旨在为研学指导师、湿地宣教人员及热爱自然的家长等人群带领孩子们开展研学活动提供指导。

全书共8个章节,主要内容如下:第一章为概论,对本书的编写背景、使用说明以及研学旅行基础理论进行介绍;第二至七章是具体研学课程方案,分为"湿地大侦探""赏'湿'情画意 探植物奥秘""妙趣'虫'生 飞鸟寻踪""追寻诗仙足迹 倾听秋浦脉搏""四季农耕物候""花草茶 诗相约"6个主题,具体阐述研学活动开展的完整教学流程;第八章为课程实施,对研学课程实施环节中的安全保障、研学评价、课程评估与优化等进行了说明,并对22个课程单元重组给出相关建议,以满足不同研学对象的个性化需求。

本书在编写和出版过程中,得到池州市秋浦生态农业发展有限公司的大力支持,版权归编写团队和该公司双方共同所有。复旦大学博士、复旦规划院生态环境分院自然教育战略研究中心主任雍怡老师给予了非常专业的指导，她的热情鼓励和无私帮助是本书得以顺利出版的重要保障。在研学课程试课及书稿撰写过程中，池州市自然教育界的王景秀、程东升、汪湜、孙满英等老师提供了很多有益的建议和精美的图片，池州学院胡文海教授、纪永贵教授给予了悉心指导。旅游管理专业查晓莉、顾寒月等老师和2020级旅游管理研学方向的全体同学做了大量基础工作，其中"我们是一队""汪汪队""少先队""说的都队""在野少年队""知行小分队"6个小组成员为本书的课程方案提供了宝贵素材。在此，谨向所有关心、支持本书编写的各位同仁表示诚挚的谢意！同时，我们还要特别感谢参与本书审校工作的各位专家，他们严谨的学术态度和专业意见使本书的质量得到了极大提高。

　　本书课程内容涉及植物、昆虫、鸟类等生物学知识，也融合了文学、历史、地理等领域内容，其跨学科的特点使得编者深感才识不足。书中纰漏之处，敬请广大读者批评指正，在此深表感谢！

编　者

2024年5月

目录

序　言

前　言

第一章　概论　　001

一、编写背景　　002

二、基础理论　　002

三、使用说明　　006

第二章　湿地大侦探　　011

一、课程概况　　012

二、课程体系与行程安排　　014

三、课程内容　　015

　　课程一　湿地科普师　　016

　　课程二　湿地放大镜　　021

　　课程三　湿地小卫士　　026

第三章　赏"湿"情画意　探植物奥秘　　033

一、课程概况　　034

二、课程体系与行程安排　　037

三、课程内容　　038

　　课程一　初识植物王国　　039

　　课程二　水生植物的生存智慧　　045

　　课程三　杏花的春日之旅　　051

　　课程四　小芦苇　大世界　　057

第四章　妙趣"虫"生　飞鸟寻踪　　067

一、课程概况　　068
二、课程体系与行程安排　　071
三、课程内容　　073
　　课程一　蝴蝶变形记　　073
　　课程二　快刀手螳螂　　079
　　课程三　丛林奇妙夜　　085
　　课程四　飞鸟启示录　　089
　　课程五　候鸟"徙"游记　　096

第五章　追寻诗仙足迹　倾听秋浦脉搏　　103

一、课程概况　　104
二、课程体系与行程安排　　107
三、课程内容　　108
　　课程一　"河"我一起，识秋浦　　109
　　课程二　"河"我一起，探秋浦　　116
　　课程三　"河"我一起，护秋浦　　122

第六章　四季农耕物候　　131

一、课程概况　　132
二、课程体系与行程安排　　134
三、课程内容　　135
　　课程一　节气与农耕　　136
　　课程二　农具寻宝记　　143
　　课程三　水车的奥秘　　149
　　课程四　水稻的一生　　153

第七章　花草茶　诗相约　　　　　　　　　　　159

一、课程概况　　　　　　　　　　　　　　　　160

二、课程体系与行程安排　　　　　　　　　　　163

三、课程内容　　　　　　　　　　　　　　　　164

　　课程一　诗有约，草期遇　　　　　　　　164

　　课程二　诗有约，花相赴　　　　　　　　171

　　课程三　诗有约，茶香溢　　　　　　　　178

第八章　课程实施　　　　　　　　　　　　　　185

一、安全保障　　　　　　　　　　　　　　　　186

二、研学评价　　　　　　　　　　　　　　　　187

三、课程评估与优化　　　　　　　　　　　　　190

四、课程单元重组建议　　　　　　　　　　　　193

参考文献　　　　　　　　　　　　　　　　　　196

第一章 概论

一、编写背景

　　2022年，中德财政合作支持的池州杏花村生物多样性保护和发展项目正式启动，自然教育是其中的重要内容。在该项目的支持下，杏花村文化旅游区与池州学院达成战略合作协议，启动"杏花村生物多样性研学课程设计与落地实施"项目，组建了一支由旅游管理、地理学、社会学等不同专业背景的教师构成的课程研发团队。项目为期2年，期间池州学院课程研发团队就课程主题、课程单元、教学流程等环节的确定，组织了26次头脑风暴会议，开展了15场面向公众——特别是当地青少年的试课活动，本套课程获得了池州市中小学生和广大家长的欢迎。在试课活动的同时，池州学院团队对杏花村湿地宣教队伍开展了研学实务培训。通过项目的有效开展，杏花村湿地逐渐被当地教师、学生、社区居民和周边游客认定为体验自然和感受自然的绝佳场所。以上这些工作，为本书的出版奠定了良好的理论、方法和实践基础。

二、基础理论

（一）研学旅行的缘起

　　研学旅行由我国古代游学、近代修学旅行逐步演变发展而来。春秋战国时期，孔子率众弟子周游列国，宣传礼乐教化，开启了古代游学之风。学子们通过游学增进学识，建功立业。唐代兴壮游之风，众多士子走出书斋，多作郊游、远行、边塞之旅。他们访古问俗、寻幽探胜、结交豪杰、相互学习，成就了诸多传世诗篇和繁荣的文化气象。宋代和明清时期，游学、书院文化盛行，逐步形成了"读万卷书，行万里路"的主流思想。

　　20世纪30年代，著名教育家陶行知抱着教育救国的思想，积极倡导"知行合一"，提出"生活即教育""社会即学校"的教育理论。陶行知在江苏淮安创办了新安小学，他的学生、时任新安小学第二任校长的汪达之组建新安旅行团，带着孩子们开始长途修学旅行，在旅行中学习地理、风俗、民情，了解近代工业文明，开展抗日宣传活动，开创了我国修学旅行的先河。新中国成立以来，很多学校组织了各种带有研学性质的综合实践活动。改革开放后，大量来自日本、韩国和东南亚以及欧洲、美洲国家的修学旅行团来华修学旅行。随着我国经济的不断发展，20世纪90年代开始，一些教育理念先进的学校开始组织学生进行修学旅行、出境游学，但尚未制度化、规模化。

随着我国教育模式由应试教育向素质教育转变，国家相继出台了一系列鼓励研学旅行的政策措施。2013年，国务院办公厅发布的《国民旅游休闲纲要（2013—2020年）》提出"逐步推行中小学生研学旅行"，首次提出"研学旅行"一词。2016年11月30日，教育部等11部门印发的《关于推进中小学生研学旅行的意见》，明确了研学旅行的概念，要求把研学旅行纳入中小学教育教学计划。同年12月，原国家旅游局发布了《研学旅行服务规范》（LB/T054—2016），对研学旅行服务的基本内容进行规范。2017年，教育部办公厅公布第一批全国中小学生研学实践教育基地、营地名单。随着中小学生研学实践教育活动的广泛开展，一系列研学旅行政策相继出台，逐步推进中小学生研学旅行向规范化、专业化发展。2019年，中国旅行社协会与高校毕业生就业协会联合发布了《研学旅行指导师（中小学）专业标准》（T/CATS001—2019）和《研学旅行基地（营地）设施与服务规范》（T/CATS002—2019）。2023年8月，人社部发布《研学旅行指导师国家职业标准（征求意见稿）》，同年11月，中国旅行社协会发布《研学旅行（中小学）课程设计指南（征求意见稿）》。研学旅行继承和发扬了传统游学中"读万卷书，行万里路"的人文精神和教育思想，是素质教育和旅游行业的全新结合，已经成为中小学生教育的新热点。研学课程作为研学旅行活动的核心内容，课程设计质量直接影响到研学旅行活动的整体效果。当前，研学旅行市场呈现繁荣景象的同时，也存在游而不学、质价不符等问题。因此，构建科学完整、创新优质的研学课程体系，对实现研学旅行的规范化、高质量发展至关重要。

（二）研学课程的概念与分类

1. 概念

广义的课程指学校为实现培养目标而选择的教育内容及其进程的总和，包括学校教师所授的各门学科和有目的、有计划的教育活动。狭义的课程指某一门学科，分为学科课程与综合实践活动课程。研学课程是研学旅行活动的核心，属于综合实践活动课程，它是由中小学、研学实践教育基地营地与有研学资质的机构合作开发的跨学科实践性课程。它以旅行为载体，通过具有教育意义的主题与内容，培养研学受众的综合素质。

2. 分类

研学课程种类多样，目前没有统一的分类标准和依据，按研学资源类型可将其分为六种类型。杏花村生物多样性课程属于其中的自然生态类，其部分教学内容涉及历史文化类和劳动实践类。

（1）自然生态类

依托自然景区、自然保护区、动植物园、海洋公园、森林公园等为自然资源开展的研学课程，引导学生感受祖国大好河山，了解生态系统和生物多样性，树立爱护自然、保护生态的意识。

（2）历史文化类

依托博物馆、历史遗迹、非遗场所、优秀传统文化教育基地等资源开展的研学课程，引导学生了解历史、文化、艺术，传承中华优秀传统文化，坚定文化认同和文化自信。

（3）国防科工类

依托国家安全教育基地、国防教育基地、科技馆、科普教育基地、科技创新基地、高等学校、科研院所等资源开展的研学课程，引导学生学习科学知识、培养科学兴趣、掌握科学方法、增强科学精神、提高国家安全意识。

（4）国情教育类

依托美丽乡村、传统村落、特色小镇、大型知名企业、大型公共设施、重大工程等资源开展的研学课程，引导学生了解基本国情及中国特色社会主义建设成就，激发学生爱党、爱国之情。

（5）革命传统类

依托爱国主义教育基地、革命历史遗址等资源开展的研学课程，引导学生了解革命历史，增长革命斗争知识，培育新的时代精神。

（6）劳动实践类

依托综合实践基地、示范性农业基地、生存体验素质拓展基地、职业院校、科学实践场所等资源，开展生活劳动、生产劳动、服务性劳动等主题劳动实践教育课程，提高学生的动手能力，培养学生的社会责任感与公民意识。

（三）研学课程设计的要素与步骤

1. 课程设计的要素

（1）课程对象

学生是研学旅行课程的服务对象，课程需认真分析不同学段学生现有的知识基础、认知能力、身心特点、生活经验，同时考虑个体差异性，因材施教。

（2）课程目标

课程目标指学生通过阶段性研学课程的学习，应掌握哪些知识、技能，培养何种情感、态度和价值观。课程目标以培养学生综合素质为导向，强调学生综合运用各学科知识，认识、分析和解决现实问题，着重发展核心素养。

（3）课程方法

课程方法是为了完成特定的课程目标所采用的课程模式、程序、方法、组织形式和对研学资源的选择及使用的总体考虑，包括课程组织方法、内容传递方法和课程资源管理方法三类。

（4）课程内容

课程内容是以研学课程目标为依据，遵循不同学段青少年的身心发展规律，对学生所要学习的内容选编而成的研学课程体系，由多个课程单元构成。

（5）课程评价

课程评价是通过构建评价指标体系，以科学的方法判断课程效果，并提出课程改进措施。课程评价的对象包括课程的计划、实施、结果，需要多元主体参与。

2. 课程设计的步骤

（1）确定课程主题

应从学生的真实生活和发展需要出发，从生活情境中发现问题，将其转化为课程主题。课程主题设计应多关注学生的兴趣、需求，课程对学生的价值以及地域特色。

（2）明确课程目标

在研学课程主题和学段学情分析的基础上，衔接中小学生的学校课程进度，确定课程总目标和各学段目标，形成层次递进的目标体系。

（3）选择课程资源

根据研学课程主题和目标，对研学目的地相关的一切可用于研学课程的各种资源、场景进行信息收集和整理，选择可行的、最佳的研学课程资源。

（4）设计课程内容

根据课程主题、课程目标、研学地点、研学时间等因素确定课程内容，按照课程的实施顺序将课程的内容、方法、时间等有机地组织起来，搭建课程结构，编写课程大纲。

（5）撰写实施方案

以课程目标为主导，按照行前、行中、行后"三段式"课程实施步骤，逐步细化预设学习内容的各个环节实施过程。行前课程突出安全和规则意识培养，行中课程突出培养实践探究意识和能力，行后课程突出反思评价。

（6）设计课程评价

为了保证研学目标的实现和促进研学课程的优化，需要构建研学课程评价体系。评价主体包括参与研学课程活动的学生、家长、教师、研学课程从业者，评价内容涉及课程方案、课程内容、课程实施、服务保障、安全管理、课程效果等。

（7）完善课程设计

根据课程评价反馈结果，发现课程存在的问题，及时优化课程内容，调整教学方法，完善课程设计方案。

三、使用说明

这是一套针对池州杏花村湿地开发的以生物多样性为主题的研学课程方案，内含6个主题22个单元。

（一）服务对象

本书兼顾湿地公园开展自然宣教活动和中小学开展校外实践教育的需要，也服务于关注孩子核心素养提升、热爱自然的广大家长群体。杏花村省级湿地公园宣教团队将遵循本书的课程方案开展全套系统的教育活动，并可以根据具体的目标受众特点与要求，挑选相关课程单元灵活组合，定制成个性化教育方案。希望本套研学课程的开发，能够为其他湿地公园和研学基地开展研学活动提供参考，为推动国内湿地宣教和研学旅行发展贡献力量。

（二）研学对象

本套研学课程主要针对小学至初中阶段的学生，其中，"湿地大侦探""追寻诗仙足迹 倾听秋浦脉搏""花草茶 诗相约"3个主题主要针对七八年级学生，其余3个主题主要针对四至六年级学生。虽然每个独立的主题课程单元都界定了具体的目标人群，但本套课程方案可根据研学对象的特点进行教学内容深度和广度的调整，目标人群下能兼顾幼儿园中大班的孩子，上可拓展到亲子家庭和成人群体，在使用中具有较强的普适性和灵活性。

（三）教学目标

本书参考世界自然基金会（WWF）环境教育课程理论方法和《生机湿地——中国环境教育课程系列丛书》体例编写而成，主要目标是引导公众尤其是中小学生走进湿地，了解湿地生物多样性的重要意义和价值，展现杏花村湿地与当地人们生活之间的紧密联系，激发学生守护湿地家园、保护生物多样性的意识。

本套课程方案教学目标设计特别梳理了与我国相关教育标准之间的对应关系，除总体目标外，还对应《中小学环境教育实施指南（试行）》（以下简称《指南》）、《义务教育课程方案和课程标准（2022年版）》（以下简称《课标》）、《中国学生发展核心素养》等标准列出了针对性的目标，以适应现代教育改革的趋势。其中，《指南》中环境教育目标包含环境意识、环境知识、环境态度、技能方法、环境行动五大目标；本书与《课标》紧密联系，主要涉及语文、地理、生物、化学、科学等课程；《中国学生发展核心素养》以"全面发展的人"为核心，分为文化基础、自主发展、社会参与3个方面，综合表现为人文底蕴、科学精神、学会学习、健康生活、责任担当、实践创新6大素养，具体细化为国家认同等18个基本要点。本书涉及的核心素养目标如表1-1所示。

表1-1 杏花村生物多样性研学课程涉及的核心素养目标

课程主题	文化基础						自主发展						社会参与					
	人文底蕴			科学精神			学会学习			健康生活			责任担当			实践创新		
	人文积淀	人文情怀	审美情趣	理性思维	批判质疑	勇于探究	乐学善学	勇于反思	信息意识	珍爱生命	健全人格	自我管理	社会责任	国家认同	国际理解	劳动意识	问题解决	技术运用
湿地大侦探		√				√	√				√		√					√
赏"湿"情画意 探植物奥秘			√			√	√			√			√				√	
妙趣"虫"生 飞鸟寻踪			√			√	√			√			√					
追寻诗仙足迹 倾听秋浦脉搏	√	√	√				√					√	√					
四季农耕物候				√	√	√							√	√		√		
花草茶 诗相约	√				√		√						√					

(四)知识链接

本书6个主题课程方案均与义务教育课程相结合(表1-2),是中小学生校内教育的有益补充与延伸。"关联学科"版块中,罗列出与研学主题紧密联系的语文、科学、生物等学科的相关章节,方便本书使用者备课时参考校内学科知识;"知识推荐"版块中,梳理了与课程主题息息相关的纪录片和书籍,供学生在研学前进行相关知识准备和教师备课时选用。

表1-2 杏花村生物多样性研学课程关联学科

课程主题	语文	生物	地理	科学	美术	化学	历史	思想道德与法治
湿地大侦探	√	√						
赏"湿"情画意 探植物奥秘	√	√		√	√			
妙趣"虫"生 飞鸟寻踪	√	√		√			√	
追寻诗仙足迹 倾听秋浦脉搏	√		√					
四季农耕物候	√			√		√		
花草茶 诗相约	√					√		

(五)课程特色

本书6个主题课程各有特色,而整套课程方案呈现以下特点:①主题鲜明,结构清晰,每个主题课程下设3~5个课程单元,内容前后衔接、自成体系,教学设计具有系统性和可操作性,符合教育规律和学生身心发展特点;②场景化教学,通过角色扮演、自然游戏、科学实验、艺术手工等教学形式,让学生在寓教于乐中领略自然奥秘与人文之美;③理论与实践结合,本书22个课程单元全部经过公众试课、复盘打磨、优化提升的过程,是自然教育课程在研学领域的实践探索,图文并茂地呈现了杏花村湿地的研学与宣教情境。

（六）课程体系与行程安排

杏花村湿地是我国长江流域湿地的典型代表，动植物资源丰富，是开展中小学生研学实践活动的重要场所。本书的课程选题立足于杏花村湿地的本土资源，"湿地大侦探""赏'湿'情画意 探植物奥秘""妙趣'虫'生 飞鸟寻踪"3个主题课程围绕湿地与湿地动植物资源展开，"四季农耕物候"和"花草茶 诗相约"两个主题课程聚焦传统文化中的自然智慧，"追寻诗仙足迹 倾听秋浦脉搏"主题课程聚焦秋浦河生态与保护行动，它们共同组成杏花村湿地宣教的内容架构。每个主题课程按照"两天一晚"的时长安排行程，由开营仪式、具体课程单元、闭营仪式组成。

本套课程采用了《生机湿地——中国环境教育课程系列丛书》一书中提出的模块化设计方法，为教育者灵活定制有针对性的课程方案提供便利。具体而言，课程方案采用"体系—主题—课程单元"的三级结构。课程设计除了包括知识准备、课程目标、分步骤的教学流程等内容，还明确了研学对象、适宜季节、研学地点、活动时长等操作性要素（表1-3、图1-1）。需要特别说明的是，大部分课程单元设置时长为120～150分钟，因为研学活动侧重引导学生自主探究学习，应该给予学生足够的时间去探索、思考、讨论与交流分享。

表1-3 杏花村生物多样性研学课程体系结构表

课程主题	课程单元	适宜季节	活动时长（分钟）	研学地点	研学对象
湿地大侦探	湿地科普师	春、夏、秋、冬	120	可持续发展教育中心、窥园、牧之楼	七～八年级学生
	湿地放大镜	春、夏、秋、冬	120		
	湿地小卫士	春、夏、秋、冬	120		
赏"湿"情画意探植物奥秘	初识植物王国	春、夏、秋、冬	120～150	水生植物园	四～六年级学生
	水生植物的生存智慧	夏、秋	120～150	窥园	
	杏花的春日之旅	春	120～150	百杏园	
	小芦苇 大世界	春、夏、秋、冬	120～150	水生植物园	
妙趣"虫"生飞鸟寻踪	蝴蝶变形记	春、夏、秋	120	蝴蝶昆虫园	四～六年级学生
	快刀手螳螂	夏、秋	150	蝴蝶昆虫园	
	丛林奇妙夜	春、夏、秋	120	裸子植物园、水生植物园等	
	飞鸟启示录	春、夏、秋、冬	150	乘云堤	
	候鸟"徙"游记	秋、冬（冬候鸟）春、夏（夏候鸟）	120	八百亩	
追寻诗仙足迹倾听秋浦脉搏	"河"我一起，识秋浦	春、夏、秋、冬	120	秋浦河沿岸、唱晚亭等	七～八年级学生
	"河"我一起，探秋浦	春、夏、秋、冬	120～150		
	"河"我一起，护秋浦	春、夏、秋、冬	120～150		

（续表）

课程主题	课程单元	适宜季节	活动时长（分钟）	研学地点	研学对象
四季农耕物候	节气与农耕	春、夏、秋	120～150	五谷堂、乐耕园、稻虾养殖基地	四~六年级学生
	农具寻宝记	春、夏、秋	150～180		
	水车的奥秘	春、夏、秋	90～120		
	水稻的一生	春、夏、秋	150～190		
花草茶　诗相约	诗有约，草期遇	春、夏、秋	120～150	乐耕园	七~八年级学生
	诗有约，花相赴	春、夏、秋	120～150	牧之楼	
	诗有约，茶香溢	春、夏	120～150	唐茶村落	

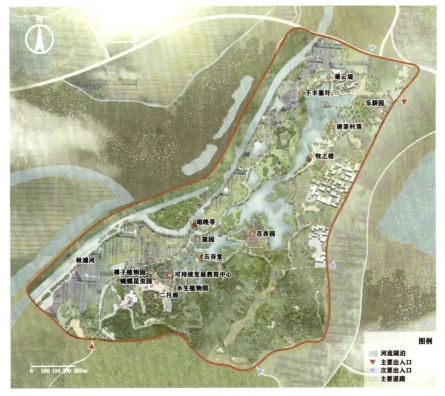

图 1-1　杏花村生物多样性研学课程活动地点分布

（七）课程单元内容

本书 22 个课程单元设计框架如图 1-2 所示，具体包括课程单元名称、知识准备、课程目标、研学地点、活动时长、辅助教具、教学流程等内容。其中，教学流程参考《生机湿地——中国环境教育课程系列丛书》一书中提出的课程模块设计"七步走"方法，本书根据实际情况简化为"导入—构建—实践—分享—总结"5 个步骤，旨在提供循序渐进、知行合一的教学方法，确保教育目标的贯彻和实现。

课程一　蝴蝶变形记

【知识准备】　———　课程涉及的关联知识点

　　蝴蝶的基本特征、蝴蝶与蛾类的区别、蝴蝶的生命周期、蝴蝶翅膀、蝴蝶效应。

【课程目标】　———　课程单元要达到的教学目标

　　了解蝴蝶的生命周期、身体结构和蝶翅的奥秘；开展观察和实验研究，引导学生感受蝴蝶的神奇与魅力，培养学生热爱生命、热爱大自然的情怀。

【研学地点】　———　适宜/推荐的授课场地

　　蝴蝶昆虫园。

【活动时长】　———　完整教学流程所需时间

　　120分钟。

【辅助教具】　———　课程教学涉及的教具

　　蝴蝶标本、绘本《生命的故事》、蝶翅、滴管、酒精、水杯、卡纸、彩笔等。

【教学流程】

1. 导入（10分钟）　———　引出课程主题，激发兴趣

　　以"破茧成蝶"游戏导入，激发学生对蝴蝶的兴趣。

2. 构建（30分钟）　———　介绍课程涉及的基础知识

　　以玉带凤蝶为例，讲解蝴蝶的特征和生活习性，以及其从虫卵、幼虫、蛹到成虫的完全变态发育过程，让学生了解蝴蝶的生命周期及生存智慧。

3. 实践（60分钟）　———　通过设置实践任务，帮助学生进一步理解与内化知识，激发学生深度思考

　　实地观察蝴蝶，探讨蝴蝶与飞蛾的区别、蝴蝶的天敌、蝴蝶在生态系统中的作用。通过蝶翅变色实验、防水实验，探究蝴蝶翅膀的鳞片结构和变色秘密，了解蝴蝶翅膀精妙的设计和所具有的伪装、警示等功能。最后，利用树叶、卡纸、彩笔等绘制蝴蝶生命周期图。

4. 分享（10分钟）　———　学生分享实践环节的过程、结果，以及对知识的理解、反思和质疑

　　学生展示制作的蝴蝶生命周期图，分享对蝴蝶各阶段身体特征和生存技能的认知；分享如何保护蝴蝶的栖息环境。

5. 总结（10分钟）　———　教师对课程进行回顾，强调核心知识点和对学生实践行为的建议

　　总结蝴蝶的身体特征、生命周期和生活习性。
　　总结蝴蝶翅膀的鳞片结构和变色原因、蝴蝶翅膀的作用和对人类的启示。
　　鼓励学生多注意观察自然界中的各种小生命。

图1-2　课程单元设计标准模板说明

第二章 湿地大侦探

一、课程概况

（一）课程背景

湿地被誉为"地球之肾"，是生态环境中不可或缺的重要组成部分，它们在维护生态平衡、保护生物多样性方面扮演着举足轻重的角色。湿地拥有的独特地理环境，不仅提供了丰富的生态价值，更承载着厚重的文化意义，使其成为地球上最富有生态保护与可持续发展潜力的生态系统之一。为了增强学生对湿地的认知和保护意识，培养他们的自然观察力和科学探究精神，设计这门"湿地大侦探"课程，旨在通过理论与实践相结合的方式，让学生深入了解湿地的生态特征、功能价值及其面临的威胁与挑战。

课程从湿地的定义、分类与分布入手，引导学生逐步探索湿地的生物多样性、生态功能以及文化价值。通过案例讨论和实地考察，让学生目睹湿地的美丽与脆弱，感受湿地生态系统的重要性，同时教授学生湿地生态调查、记录与分析生态数据等实践技能，培养他们在湿地生态保护中的实践能力。在教学方法上，注重学生的参与体验，通过小组讨论、角色扮演、互动游戏等形式，让学生在轻松愉快的氛围中掌握知识和技能。

（二）研学对象

主授对象： 七~八年级

学情分析： 该学龄段学生已积累一定的知识基础，思维能力处于发展迅速的黄金时期，他们的自我意识显著增强，对知识的渴望和表现自我的愿望愈发强烈，在情感管理上，展现出较高的自我教育和情绪调节能力。学生在地理、生物、化学等课程中已初步接触到自然环境和生态系统的基础知识，对生物多样性、生态平衡等概念有一定的了解，但对于湿地生态系统的具体结构和功能还不够熟悉。在教学过程中，教师需结合学生的已有知识，进一步引导他们深入了解湿地的功能和重要性。

（三）教学目标

▲▲ 总体目标

1. 掌握湿地的基本概念、地理分布，深入了解湿地生态系统的功能与价值，学习有效保护湿地资源的方法；
2. 培养学生敏锐的观察力和丰富的想象力；
3. 通过亲身实践，根植保护环境的观念，深入理解并践行"生态优先，绿色发展"的理念，促进人与自然和谐共生，激发学生对大自然的热爱，培养团队协作意识。

🌲🌲 涉及《指南》中的环境教育目标

环境意识： 运用各种感官感知环境和身边的动植物；感知、说出身边自然环境的差异和变化；意识到环境与个人身心健康的关系。

环境知识： 理解生态破坏和环境污染现象，说明环境保护的重要性；举例说明个人参与环境保护和环境建设的途径和方法。

环境态度： 尊重本土知识和文化多样性；树立可持续发展观念，愿意承担保护环境的责任；认识自然规律，摆正人与自然的关系，追求人与自然的和谐。

技能方法： 理解关于环境的不同观点，通过交流协商，达成保护环境的共识；能够表达自己的环境保护的观点，并以宣传或劝说的方式影响他人做出行为改变。

🌲🌲 与《课标》的联系

初中地理： 认识湿地及其在蓄水、调节河川径流、补给地下水及维持区域水平衡中所扮演的关键角色。鼓励学生通过野外考察，学习并掌握湿地生物多样性的基本调查方法。倡导学生关注家乡湿地环境的变迁，培养保护湿地的积极性。

初中生物： 深化对我国珍稀动植物的认识，了解生物多样性所面临的严重威胁及其背后的原因，掌握保护生物多样性的关键措施，并积极将保护生物多样性的意识融入日常生活实践，以实际行动守护生态家园。

初中化学： 掌握包括吸附、沉淀、过滤和蒸馏等多种水净化技术，并能正确执行过滤操作。了解水污染的主要来源，学习有效的途径来保护和节约水资源，以实际行动维护水资源环境。

初中语文： 强调环境保护的重要性，呼吁人们珍爱家园、保护生态环境，实现区域的可持续发展。

🌲🌲 核心素养

乐学善学、人文情怀、勇于探究、健全人格、技术运用、社会责任等。

（四）知识链接

1.关联学科

人教版七年级语文下册《家乡》；

人教版七年级生物上册《湿地、淡水生态系统》；

人教版八年级地理下册《高原湿地——三江源地区》；

人教版八年级生物上册《生物的多样性及其保护》；

人教版八年级语文上册《生物入侵者》；

人教版九年级化学上册《自然界的水》。

2.知识推荐

（1）纪录片

《中国湿地》《湿地的力量》《探秘湿地》《不能遗失的美丽——中国湿地》《湿地：我们的家园》等。

（2）书籍

但新球,但维宇.湿地生态文化[M].北京：中国林业出版社,2014.

中国生态学学会科普工作委员会.湿地中国科普丛书[M].北京：中国林业出版社,2022.

李振基.水润草木——湿地植物[M].北京：中国林业出版社,2022.

左平.中国国际重要湿地全纪录[M].济南：齐鲁书社,2023.

赵魁义,姜明,田昆,等.中国湿地植被与植物图鉴[M].北京：科学出版社,2020.

陈建伟.全景湿地[M].北京：中国林业出版社,2022.

（五）课程特色

将课堂延伸至广袤的大自然，让学生在天然的学堂中自由探索，亲身感受湿地的神奇与魅力，沉醉于研学带来的无尽乐趣。这种教学模式不仅打破传统学习的框架，更是鼓励学生走出教室，将知识与实践紧密相连。

通过在湿地开展的实践活动，学生能亲眼见证大自然的韵律，使知识的传递变得更加直观深刻，从而实现知行合一，让学生在亲身体验中感悟知识的真谛。场景化教学将学生带入杏花村湿地的真实情境，让他们在自然中感受知识的力量，提升他们的人文素养，培养他们对大自然的敬畏与爱护之心。

二、课程体系与行程安排

（一）课程体系

本主题的研学课程体系见图2-1。

图2-1 "湿地大侦探"研学课程体系

（二）行程安排

"湿地大侦探"研学课程共计2天，具体行程安排见表2-1。

表2-1 研学行程安排

	时间	名称	研学地点	研学内容
第一天	8:30—9:00	开营仪式	可持续发展教育中心	1.介绍课程内容； 2.明确纪律与要求； 3.破冰游戏。
	9:00—11:00	湿地科普师	可持续发展教育中心	1.地球之肾，由你揭秘：学生参观杏花村湿地，观察湿地的自然分布，学习湿地的定义、分类和功能。 2.解锁湿地水密码：通过科学实验，使学生更加直观地掌握湿地在减缓洪水冲击方面的功能。
	14:30—16:30	湿地放大镜	窥园	1.一平方米自然：学生圈定一平方米区域，调查区域中的物种，以小组为单位填写观测记录表，总结湿地对维护生物多样性的重要性。 2.不速之客：通过开展"不速之客"游戏，了解入侵物种对湿地生态系统的影响。
第二天	8:30—10:30	湿地小卫士	牧之楼	1.湿地之路：调查杏花村湿地中"路"的类型，讨论湿地道路规划中需要遵循的原则。 2.湿地保护倡议书：学生结合所学知识讨论湿地修复的途径，增强自然保护意识，并为市民湿地保护写份倡议书。
	10:30—11:00	闭营仪式	可持续发展教育中心	1.回顾研学活动精彩瞬间； 2.评选优秀团队，颁发奖品； 3.学生代表分享交流； 4.合影留念。

三、课程内容

"湿地大侦探"主题研学课程一共包括开营仪式、湿地科普师、湿地放大镜、湿地小卫士、闭营仪式5个阶段。

（一）开营仪式

（1）地点：可持续发展教育中心。

（2）活动时长：30分钟。

（3）内容：教师介绍本次研学活动的主题、内容和行程安排，明确研学活动纪律、安全、学习等方面的要求；带领学生开展"破冰游戏"，构建合作互助的良好氛围，引导学生尽快投入即将开展的研学活动。

（二）课程单元

课程一　湿地科普师

【知识准备】

🌲🌲 湿地的功能和价值

湿地不仅景色迷人，还是具有强大功能的"秘密武器"：它是为居民生活、工业生产和农业灌溉提供水源的"饮水机"；它是为人们提供食品、木材、药材、泥炭的"储备库"；湿地内水分的蒸发和蒸腾作用使它与大气进行充分的水分和热量交换，从而成为调节局部气候的"空调机"；湿地是植物生长的理想场所，是鸟类、鱼类和两栖类动物的家，还是动植物和微生物和谐共存的"生态园"。湿地的这些秘密武器时刻都在发挥作用，为人类的生活提供服务和支持。

（1）**具有特殊的景观特征：**湿地是位于陆生生态系统和水生生态系统之间的过渡性地带，按照地貌特征可分为滨海湿地、河流湿地、湖泊湿地、沼泽湿地和人工湿地。按照水文特征，可将自然湿地分为浅海水域、珊瑚礁和潮下水生层等29类，将人工湿地分为水库、农用池塘、淡水养殖场等12类。湿地具有明显的植被、土壤、水位和盐度的梯度变化、斑块变化、时间变化的特征，这些周期性变化造成了湿地生态系统在景观上的周期性变化。

（2）**维护生物多样性：**由于湿地处于水陆交互作用的区域，它仅占地球表面积的6%，却为世界上20%的生物提供了生境。湿地是许多珍稀濒危物种（特别是濒危珍稀水禽）的栖息、迁徙、越冬和繁殖的场所，在生物多样性保护方面具有极其重要的价值。我国湿地面积约占国土面积的5%，却为约50%的珍稀鸟类提供了栖息场所。在保护物种多样性的同时，湿地还是重要的物种基因库。

（3）**调节区域气候：**湿地由于水分过于饱和的厌氧生态特性，积累了大量的无机碳和有机碳。由于湿地中的微生物活动相对较弱，植物残体分解释放二氧化碳的过程十分缓慢，形成了富含有机质的湿地土壤和泥炭层，起到了固定碳的作用。如果湿地遭到破坏，湿地的固定碳功能将被减弱，同时湿地中的碳也会被氧化分解，湿地将由"碳汇"变成"碳源"，加快全球变暖的进程。湿地具有调节区域气候的功能。湿地水分蒸发和湿地植被叶面的蒸腾作用，可使附近区域的温度降低、湿度增大、降雨量增加，对周边区域气候具有明显的调节作用，对当地农业生产和人民生活具有良好的促进作用。

（4）降解污染和净化水质： 湿地是自然生态系统中自净能力最强的生态系统之一。湿地水流速度缓慢，有利于污染物沉降。在湿地中生长的植物、微生物和细菌等通过物理过滤、生物吸收和化学合成与分解等过程，将生活和生产污水中的污染物吸收、分解或转化，使湿地水体得到净化。

（5）减缓径流和蓄洪防旱： 湿地土壤具有特殊的水文物理性质，因此具有超强的蓄水性和透水性，是蓄水防洪的天然"海绵"。许多湿地地处地势低洼地带，与河流相连，在暴雨和河流涨水期将过量的水分存储起来，均匀地缓慢释放，减弱下游的洪水危害。在旱季，湿地可将洪水期间容纳的水量向周边及下游排放，防旱功能十分显著。因此，湿地在控制洪水、调节河川径流、维持区域水平衡中发挥着重要作用。

（6）调节水资源： 湿地是地球上淡水的主要蓄积地，人类生活用水、工业生产用水和农业灌溉用水绝大多数来源于湿地，湿地也是补充地下水的主要来源。众多的沼泽、河流、湖泊和水库的水都是可以被直接利用的水，湿地在输水、储水和供水方面发挥着巨大作用。如果湿地受到破坏或消失，会影响对地下蓄水层的供水，地下水资源就会减少。

（7）提供丰富的产品资源： 湿地水源充沛、养分充足，有利于水生动植物生长，因此湿地具有极高的生产力，每平方米湿地可平均每年生产2千克左右的有机物质。湿地除了为人类提供丰富的水产品、粮食、水果，以及可用作加工原料的皮革、木材、药材以及编织材料等，还可为人类提供丰富的泥炭产品。湿地也是人工养殖和湿地经济植物种植的优良场所。

（8）具备社会功能： 复杂的湿地生态系统、丰富的动植物群落、珍稀的濒危物种、独特的自然景观等，使湿地成为人类休闲、度假、教育和研究的理想场所。

🌲🌲 杏花村省级湿地公园概况

杏花村省级湿地公园（以下简称杏花村湿地公园）位于池州市贵池区西部，北至秋浦河入江口2千米处，南至秋浦河普丰圩，西至秋浦河西岸。据《安徽贵池杏花村省级湿地公园总体规划（2018—2022年）》描述，公园总面积为2197.25公顷（其中，保育区555.72公顷，恢复重建区1376.76公顷，合理利用区264.77公顷），其湿地面积2051.04公顷，湿地率达93.35%。杏花村省级湿地公园有湖泊湿地、河流湿地、人工湿地和沼泽湿地四种类型，生态系统完整性好，且与周边的鱼塘、森林构成良性复合体，在区域生态环境中发挥着重要的生态效益和功能。杏花村省级湿地公园水生生物种类繁多，植物多样性程度高，良好的生态环境吸引了众多野生动物来此栖息繁衍，同时湿地对调节当地气候、净化水质、美化环境等发挥着重要作用。

杏花村湿地全景①

【课程目标】

了解杏花村湿地的地理位置、自然气候、开发现状等基本情况，让学生在自然中感受湿地气息；了解湿地的基本概念、生态系统和生物多样性，以及湿地的功能；学习水质监测技术，学会简单的湿地生物多样性调查方法。

【研学地点】

可持续发展教育中心。

【活动时长】

120分钟。

【辅助教具】

不同类型的湿地环境图片、杏花村湿地常见物种图片、矿泉水瓶、海绵、大颗粒碎石、泥土、植物碎末、水杯、剪刀、打火机、水桶、毛巾、积木等。

【教学流程】

1.导入（5分钟）

教师通过《诗经》中的"关关雎鸠，在河之洲；窈窕淑女，君子好逑""所谓

---

① 本书所有图片，除单独标注外，均由编写团队石松平等老师提供。

伊人，在水一方"等诗句，引出人类自古就与湿地相伴而生，引发学生对湿地探究的兴趣。

2.构建（25分钟）

教师通过演示文稿（PPT）介绍湿地的定义、分类、作用等相关知识，展示不同类型的环境图片，让学生讨论哪些环境类型可以被称为湿地，引导学生根据湿地图片，对湿地进行分类，并以有争议的图片为例，通过进一步分析加深学生对湿地定义的理解。引导学生观察杏花村湿地的环境，让学生举例说明湿地与人类的关系，并对湿地的功能进行讨论。

湖泊湿地

沼泽湿地

河流湿地

人工湿地

3.实践（60分钟）

【地球之肾，由你揭秘】

准备2只矿泉水瓶，将水瓶盖去掉，沿瓶身1/3处剪开，将水瓶分成两部分。水瓶漏斗头倒扣在瓶身内，水瓶边缘建议用小火进行处理，以防实验时划伤皮肤。在2只水瓶瓶身上分别标注"A"和"B"。

模拟湿地蓄水功能：在A瓶漏斗口中放入一块吸水性良好的海绵，并塞紧；B

瓶漏斗则倒入相等体积的大颗粒碎石。准备2杯等体积的水,缓慢地将其分别倒入两瓶漏斗中。比较A瓶和B瓶中的水量,鼓励学生讨论A瓶的海绵模拟了湿地的哪项功能。

演示湿地径流调节功能:通过挤压海绵展示湿地如何缓慢吸水并释放水,模拟湿地在雨季时能够吸收大量雨水,并在干旱时缓慢释放水分的径流调节作用。此项功能有助于减轻洪涝灾害,并在干旱时为周围环境提供水源。

模拟湿地净化水质功能:在两杯水中加入泥土、植物碎末等模拟含有污染物的水体,让学生观察水在通过A瓶海绵过滤后的变化。通过比较水的清澈度,让学生理解湿地植物和微生物如何通过吸附、沉淀和生物降解等过程来净化水质。

学生通过观察和讨论,得出湿地具有蓄水、径流调节和水质净化等功能,教师鼓励学生分享他们的结论。

【解锁湿地水密码】

在杏花村湿地找一块平坦场地,模拟沿河湿地发挥的城市生态安全功能。可用积木模拟城市建筑,用毛巾模拟湿地,用方形发泡海绵模拟人工防洪大堤。教师先用发泡海绵搭建一排堤坝,大堤外侧代表河流,内侧代表城市陆地,再用积木在陆地上搭建模拟房屋。将装满水的水桶由外向堤坝内泼水(模拟洪水,观察房屋的倒塌情况),教师还原现场,并在堤坝内外两侧平铺毛巾(代表大堤内外侧的天然湿地),再用相同水量进行泼洒,观察堤坝和房屋的倒塌情况。

学生讨论该演示实验模拟的湿地功能(答案:减缓洪水冲击),教师说明秋浦河(杏花村段)湿地的缓冲功能,分享长江沿岸湿地保护的经验,鼓励学生讨论沿河和洪水易发区域的生态安全策略。

4.分享（20分钟）

学生以小组为单位讨论湿地的重要价值。每组选派一名代表发言，看哪组总结的湿地的功能最多。

鼓励学生以自己所生活的城市为例，分析湿地提供的功能有哪些，阐述城市生态安全方面存在哪些潜在威胁。

5.总结（10分钟）

总结湿地的定义与常见类型。

总结湿地在涵养水源、净化水质、蓄洪防旱、调节气候和维护生物多样性等方面的多重功能，特别强调湿地在生态系统和环境中的重要性，以及为什么保护湿地对人类社会的可持续发展至关重要。

课程二 湿地放大镜

【知识准备】

乡土植物与外来植物

乡土植物，或称原生植物，是在某一特定区域或生态系统中自然萌生、自然生长的植物种类。它们一般未受到人类活动的显著影响，与当地环境和谐共生，形成独特的生态特征。相比之下，外来植物是指那些历史上并未在该地区自然分布，但由于人类活动，如贸易、旅游、种植等，被直接或间接引入的植物种类。当外来植物在新的环境中成功适应、大量繁殖，并与当地植物形成稳定的群落时，它们被称为归化植物。这些归化植物在经历一段时间的本地化生活后，逐渐融入当地的生态系统，甚至可以被认为是乡土植物的一部分。然而，如果外来植物的数量迅速增加，超过当地生态系统的容纳能力，并对本地生物多样性构成严重威胁，那么它们就被称为外来入侵植物。外来入侵植物可能会破坏当地生态平衡，导致本地物种减少或灭绝，因此需要采取有效的措施进行管理和控制。为了更好地保护和管理乡土植物和生态系统，需要深入研究乡土植物和外来植物的生态习性、生长规律以及相互之间的作用关系。同时还需要加强对外来植物的管理和监测，防止它们对当地生态系统造成不可逆的影响。通过科学的干预和管理措施，可以更好地保护乡土植物和生物多样性，维护生态系统的健康和稳定。

🌲🌲 湿地生物入侵

　　湿地生物入侵是指新物种进入原生生态系统，并对其生态结构、功能或服务产生负面影响的过程。这些入侵物种可能是植物、动物或微生物，它们破坏当地物种的平衡，改变生态系统的结构和功能，并对生态系统和人类社会造成严重威胁。湿地生态系统是一个复杂且脆弱的生物群落，其生态系统服务包括水质净化、土壤保持、生物多样性维护等。在湿地生态系统中，植物入侵是最为常见和严重的问题之一，此外，动物入侵也会对湿地的生态系统造成破坏。

　　生物入侵的原因多样，包括全球化、人类活动、气候变化等。入侵途径通常分为有意引入和无意进入两大类。有意引入的如作物、饲料、地被物、园艺和观赏植物等，它们在被引入之后，逃逸、归化以致造成危害；无意进入包括自然传播（风、水等）和人为传播。人为传播是入侵植物的主要入侵渠道，如进口粮食可能夹带杂草种子，进口货物的包装品可能夹带有害物种的种子，船舶往来很容易带来水生生物等。

🌲🌲 湿地生物入侵对湿地生态系统的负面影响

　　（1）生物多样性下降： 入侵物种通常具有较强的适应性和竞争能力，它们可能会侵占并排挤原生物种，导致当地生物多样性降低。这种现象可能会破坏湿地内的物种相互依存关系，导致生态系统的不稳定性。

　　（2）生态链条被破坏： 入侵物种可能破坏湿地中的食物链，影响物种间的相互依存关系，如某些外来植物可能会抑制当地植物的生长，使当地动物失去食物来源，从而对整个湿地生态系统造成连锁反应。

　　（3）资源利用和生态功能受损： 入侵物种通常对环境中的资源有较高的利用率，它们可能会抢夺水分、养分等，使湿地中其他物种难以获得足够的资源，从而影响湿地的机能和服务。

　　（4）生境改变： 湿地入侵物种可能会改变湿地内的物种组成和空间结构，进而改变湿地的生境条件，如一些外来植物会改变湿地的水域状态，使水质变差，使湿地生境对其他物种变得不适宜。

🌲🌲 应对湿地生物入侵的措施

　　（1）物理控制： 对于小规模入侵物种，可以组织志愿者手工拔除或捕捉，建立围栏或设置物理屏障，阻止入侵物种的扩散。

（2）**化学控制**：选用对本地生物影响较小的生物农药控制入侵物种，谨慎使用化学除草剂，避免对非目标物种造成伤害。

（3）**生物控制**：研究和引入入侵物种的天敌，通过自然方式控制其数量，通过保护和恢复本地物种，增强生态系统的抵抗力。

（4）**法律与制度**：制定相关法规，明确禁止非法引入和放养可能成为入侵物种的生物，加强对湿地资源和生物多样性的监管，及时发现和处理入侵物种问题。

（5）**教育与宣传**：为湿地管理员和志愿者提供入侵物种识别和应对的培训，通过媒体、网络、展览等形式向公众宣传生物多样性保护和入侵物种的危害。

🌿🌿 杏花村湿地生物多样性

2023年2月，根据我国公布的第三次全国湿地资源调查结果，我国湿地总面积达5635万公顷，占国土面积的5.58%，位列亚洲第一，世界第四位；我国有湿地高等植物200科692属2315种，是全球湿地植物多样性最为丰富的国家之一。

湿地与生物多样性

据2023年12月的《池州杏花村生物多样性及水环境综合监测报告》显示，杏花村湿地动植物资源均非常丰富。

（1）**植物资源**：维管植物114科287属398种，其中，蕨类植物12科12属12种，裸子植物4科7属11种，被子植物98科268属375种，主要包括的植被类型有，毛竹群系、马尾松群系、楝树群系、枫杨群系、垂柳群系、构树群系、苍耳群系、葎草群系、狗尾草群系、野大豆群系、长苞香蒲群系、菖蒲群系、五节芒群系、芦苇群系和莲群系。其中，葎草群系面积最大，为64.89公顷，覆盖率最高，达到2.95%。通过实地调查，杏花村湿地内的国家一级重点保护植物有水杉、银杏，均为栽培种；国家二级重点保护植物有细果野菱、野大豆、大叶榉树、莲和鹅掌楸五种；安徽省重点保护植物有苦草和青檀等。

（2）**动物资源**：杏花村湿地内有脊椎动物34目87科286种，包括两栖动物1目4科6种，爬行动物2目6科15种，鸟类18目57科213种，鱼类8目13科38种，哺乳动物5目7科14种。

杏花村湿地生物多样性

【课程目标】

深化学生对湿地生态系统和生物多样性的理解；掌握湿地常见物种的识别技能；认识并理解湿地外来入侵物种的威胁；培养学生环境保护意识和责任感。

【研学地点】

窥园。

【活动时长】

120分钟。

【辅助教具】

放大镜、绳子、手套、夹子、笔、资源卡、不同类型环境图片、湿地公园常见物种图片、观测记录表、资源卡、骰子、木棍等。

【教学流程】

1.导入（5分钟）

教师以诗启思："离离原上草，一岁一枯荣。野火烧不尽，春风吹又生。"这首古诗描绘了草地强大的生命力和坚韧不拔的精神，由此引出生物多样性的概念，引导学生辨识杏花村湿地常见植物。

2.构建（25分钟）

教师发放杏花村湿地常见植物图片，引导学生如何观察各类植物，如何用文字描述它们的特征。

3.实践（60分钟）

【一平方米自然】

教师组织学生进行一次简短的安全教育培训，确保每位学生都能明白安全注意事项。学生分组自行圈定一块一平方米区域，用20分钟观察一平方米内的植物，并在观测记录表上记录所观察到的植物信息，包括类别、特征、数量，以及周边环境等。观察过程中教师要引导学生辨识草地上常见植物，如小蓬草、蒲公英、车前草等，并讲授如何通过观察茎、叶子、花朵和果实等特征来识别。活动结束后，学生回到集合点，将各自收集到的数据进行汇总。

【不速之客】

在杏花村湿地划定一块代表本地物种生活的区域，准备一定数量的资源卡，如食物、栖息地、水源等，随机放置在划定区域内，开展"不速之客"的游戏。在每轮游戏中，代表外来物种的同学依次移动到划定的区域，与代表本地物种的同学通过两两猜拳、掷骰子等方式来决定谁能获取资源，胜出者获得资源卡一张，失败者则会失去部分已有资源。如此多轮反复，当资源卡争夺少于一半时，竞争加剧，本地物种可选择合作保护某区域（如采取设立围栏、陷阱等防御措施）增加活动难度，以阻止外来物种的入侵，外来物种可寻找合适的入侵时机和路线，绕过防御设施或寻找本地物种的弱点进行攻击以获取资源。每获得一定数量的资源，本地物种可选择繁殖后代，增加种群数量，外来物种则需要积累足够的资源来适应湿地环境，并逐渐占据生态位。游戏进行多轮后，根据各物种的资源积累、种群数量及湿地生态的保护情况来评分，最终得分高的物种获胜。

4.分享（20分钟）

分组汇报"一平方米自然"发现的植物总量，以及印象最深的物种，探讨为何野生植物具有"野火烧不尽，春风吹又生"的顽强生命力。

各组围绕如何预防和应对湿地入侵物种的策略和方法展开深入讨论，分析并探讨生态修复、物种管理、监测预警等策略的有效性和可行性，寻求多种解决方案，培养学生的创新思维及分析解决问题的能力。

5.总结（10分钟）

总结生物多样性概念，掌握常见湿地物种的识别技能。

总结外来入侵物种的定义及特征。

理解外来入侵物种对本地生态系统、生物多样性及农业生产带来的危害。

课程三 湿地小卫士

【知识准备】

《关于特别是作为水禽栖息地的国际重要湿地公约》（以下简称《湿地公约》）

《湿地公约》是一个保护和合理利用湿地资源的政府间国际条约，于1971年在伊朗拉姆萨尔正式通过，1975年12月21日生效。《湿地公约》旨在通过防止作为众多水禽繁殖和越冬栖息地的湿地的丧失，并通过倡导"合理利用"以保护湿地生态系统。截至2023年10月，共有172个缔约方。中国于1992年1月3日决定加入《湿地公约》，《湿地公约》于1992年7月31日对中国生效。目前，中国湿地面积约5635万公顷，有82处国际重要湿地（其中，香港1处）、58处国家重要湿地、903处国家湿地公园、13个国际湿地城市，全国湿地保护体系初步建立。为了提高人们对湿地的认识，促进湿地保护，《湿地公约》常委会决定每年2月2日为世界湿地日，利用这一天组织多种多样的教育活动，提高公众的湿地保护意识。

湿地生态系统的脆弱性

湿地生态系统因其独特的水文、土壤和气候等环境因素而显得尤为脆弱。这些环境因素之间相互作用，共同维系着湿地的生态平衡。因此，任何一个因素的细微变动，都可能引发生态系统的连锁反应，导致整体稳定性受损。特别是湿地水文条件，一旦受到自然灾害或人为活动的干扰，其稳定性将受到严重威胁。这种不稳定性不仅影响湿地内部的生物群落结构，还会波及整个生态系统，造成生物多样性减少、生态系统服务的衰退，甚至湿地功能的丧失。

🌲🌲 湿地的合理利用

湿地的合理利用是人类活动的重要组成部分，因为湿地拥有丰富的动植物资源，与人类生存和生活紧密相连。过去，人类对湿地的利用以改造为主，大规模地将湿地转变为适合农耕的土地，导致湿地数量迅速减少。然而，随着对湿地重要性的深入认识，人类开始将保护放在湿地合理利用的首位，确保在发展的同时维护湿地的生态平衡。目前，湿地旅游成为湿地合理利用的方式之一。尽管湿地旅游起步较晚，但其内容正在不断丰富。游客可以在湿地中体验划船、观鸟、徒步和乘坐游艇等活动，亲近自然，感受湿地的独特魅力。同时，湿地公园作为湿地旅游的重要载体，不仅为游客提供了丰富的旅游体验，也是保护湿地资源的重要场所。这些湿地公园纷纷在国内外建立，在湿地的可持续发展和生态保护方面发挥了重要作用。

🌲🌲 人类活动的影响

人类对湿地生态系统的合理利用，不可避免地会对湿地生态系统产生影响，尽管人类已经不再大规模地开发改造，在开发时也是将保护摆在首位，但对于湿地的负面影响始终是存在的。当下，湿地面临面积减少、污染加重、生物多样性遭受破坏等问题。尽管现在进入了以保护为主的湿地建设时期，建立了湿地公园和湿地保护区，但仍无法消除人类的影响。如有的湿地公园只建设少量的设施，或者把人类活动的区域限制在湿地的最外围等，但影响始终是存在的。有些生物对于外界的干扰十分敏感，人为因素的介入必将影响这些生物的生长、发育和繁殖。

🌲🌲 湿地修复

湿地受损主要是指在不合理的人类活动或不利的自然因素影响下，湿地生态系统的结构不合理和功能弱化甚至丧失的过程，并引发系统的稳定性、恢复力、生产力及服务功能在多层次上发生退化。

湿地修复是指通过生态技术或生态工程对退化或消失的湿地进行修复或重建，再现干扰前的结构和功能，以及相关物理、化学和生物学特性，从而实现改善湿地水质和生态环境的目的；在生态位理论、种群理论和营养级理论指导下，通过植被、土壤和水文修复技术以恢复湿地生态系统功能。修复途径主要包括湿地水文条件恢复、水生植物恢复与重建，以及湿地生态系统重建与自我维持等，可促进底栖动物和鱼类等其他生物群落恢复，提高生物多样性，进而恢复湿地生态系统生产力和自我维持能力。

🌲🌲 湿地公园道路设计的原则

（1）**生态优先**：生态优先是湿地公园道路设计的首要原则。道路设计应最大限度地减少对原有自然生态环境的干扰和破坏，保持湿地生态系统的完整性和稳定性。在材料选择、施工工艺等方面，应采用生态友好的方案，如采用透水性铺装材料、利用生物护坡技术等，确保道路的生态性。

（2）**功能性**：功能性是道路设计的基本要求。湿地公园的道路应满足游人通行、车辆运输、消防应急等需求，设计时需根据公园的功能分区和游人流量，合理规划道路的布局、宽度、线形等，确保道路系统的便捷性和高效性。

（3）**安全性**：安全性是道路设计的重中之重。湿地公园的道路设计需充分考虑交通安全、人身安全等因素，如通过设置清晰的交通标识，合理规划停车场，以及采取防滑、防撞等措施，确保游人和车辆的安全。

（4）**景观性**：景观性是湿地公园道路设计的重要目标。道路设计应融入公园的整体景观中，成为景观的一部分，如通过合理的线形设计、植物配置、小品装饰等手段，营造出独具特色的景观效果，为游人提供优美的视觉享受。

（5）**文化性**：文化性是湿地公园道路设计的重要内涵。道路设计应充分体现当地的文化特色和历史传承，如通过融入当地的传统文化元素以及利用历史文化遗址等，提升公园的文化内涵和品位。同时，道路设计也应考虑游人的文化需求，提供丰富的文化体验和交流空间。

（6）**可持续性**：可持续性是湿地公园道路设计的重要原则。在设计时应考虑道路的长期使用和维护，选择耐久性强、维护成本低的材料和工艺，降低能耗和碳排放。在设计中还应充分考虑未来可能的变化因素，如气候变化、游人数量增减等，采取可调整、可扩展的设计方案，确保道路的持久性和稳定性。

🌲🌲 杏花村省级湿地公园保护现状

根据《安徽贵池杏花村省级湿地公园总体规划（2018—2022年）》要求，遵循

"保护优先、科学恢复、合理利用、持续发展"的基本原则，对湿地公园进行生态保护与修复。湿地保育区为湿地公园的核心地块，面积约555.72平方千米，主要功能为保护保育，以综合治理为目标，保护水源水质不受污染，保护生物多样性。湿地公园的湿地保育区是湿地公园内生态系统完整性最好、生态敏感度最高的区域，目前该区域生态环境良好，生物多样性丰富，也是公园内湿地生态系统的典型代表。秋浦河两岸和天生湖区域有良好的乔木林植被，现有大量鹭鸟栖息于此；秋浦河水位较浅、水生植被丰富的区域将被作为鸻鹬类的保护地，开阔的水面可被作为雁鸭类的保护地。为保护区域内现有的湿地动物资源，湿地公园管理部门需控制进入湿地公园保育区游客的数量，积极开展生态修复。湿地公园湿地保育区含有大面积的水面，水质状况对湿地保育区湿地保护和恢复至关重要，通过实施污水改造等措施，使园内水质得到极大改善。据2023年12月的《池州杏花村生物多样性及水环境综合监测报告》显示，杏花村省级湿地公园在多项建设与生态保护上取得了显著成果：投入巨资完成路网、给排水、配电等基础设施建设，极大地提升了景区的服务质量和游客体验。同时，通过生态修复项目，对受损的水岸和生境进行改善和恢复，为动植物提供了更好的栖息环境；通过设立路标和界碑界桩，不仅方便了游客，还有效地保护了湿地生态系统和珍稀物种，促进了区域生态环境的改善和生物多样性的保护。

【课程目标】

了解《湿地公约》的基本原则、湿地生态系统的多样性，杏花村湿地的保护现状；学习湿地生态系统监测技术、湿地修复的基本方法；激发对湿地保护的热情，培养湿地保护的责任感，并为杏花村湿地提出可行的保护和修复建议；理解湿地规划和管理的重要性，了解湿地保护的内容和常规措施。

【研学地点】

牧之楼。

【活动时长】

120分钟。

【辅助教具】

PPT课件、调查任务单、笔等。

【教学流程】

1. 导入（5分钟）

教师以提问的方式让学生讨论城市湿地公园与一般公园的区别。

2. 构建（25分钟）

教师通过PPT简要介绍《湿地公约》的背景、目的及全球实施概况，展示杏花村湿地开发利用现状及存在的生态问题，引导学生思考湿地道路设计遵循的原则，激发学生对湿地保护的责任感和使命感。

3. 实践（60分钟）

【湿地之路】

教师向学生介绍杏花村湿地的概况，强调实地考察的安全注意事项和观察重点，特别是湿地中的"路"及其归属。学生分组在杏花村湿地中按照预先设计的路线进行实地考察，教师引导学生观察湿地中不同类型的"路"（如步行道、生态廊道、车辆通道等），了解它们的功能和规划目的。学生记录观察信息，包括道路的材质、走向、使用情况等。之后，学生根据实地考察的记录，讨论湿地道路规划中需要注意的自然和生态因素，分析《湿地公约》在杏花村湿地道路规划中的应用，探讨其如何平衡生态保护与游客需求。

【湿地保护倡议书】

学生观看关于湿地保护的纪录片，教师展示湿地被破坏后的图片，引导学生观察并讨论湿地保护现状，了解湿地生态系统的重要性和保护湿地的紧迫性。结合纪录片内容，教师引导学生讨论湿地修复的不同途径和技术。分发调查任务单，引导学生寻找公园设计和保护工作中合理的地形改造、水体设计和植被配置等"小心思"。学生根据调查任务单上的路线进行实地考察，记录观察到的保护措施。

教师随队指导，解答学生在实地考察中遇到的问题。之后，学生回到室内，整理考察记录。教师总结湿地修复的相关知识，强调保护湿地的途径和意义，学生结合所学的湿地知识，为当地市民写一份湿地保护倡议书。

4.分享（20分钟）

学生分组汇报个人行动对湿地保护的重要性，以及日常生活中如何保护湿地。学生分组汇报杏花村湿地采取了哪些具体保护措施。

5.总结（10分钟）

总结杏花村湿地的保护措施，指出其成效和不足；强调湿地小卫士的重要性，颁发湿地小卫士证书；引导学生将所学知识用于实际生活，影响并带动身边的人一起来保护湿地。

（三）闭营仪式

1.地点： 可持续发展教育中心。

2.活动时长： 30分钟。

3.活动内容： 展示学生研学的精彩瞬间；评选优秀团队，颁发奖品；学生代表分享交流；进行研学总结，升华主题内容，培养学生保护生态、珍惜生命、热爱自然等情感和价值观念；合影留念，致欢送词。

附：市民湿地保护倡议书

守护"绿色之肾"，共筑生态之城
——致全体市民的湿地保护倡议书

尊敬的市民朋友：

大家好！

作为××市的一员，我们有幸生活在一个风景秀丽、生态环境优美的城市。

然而，随着城市化进程的加快，我们的湿地资源正面临前所未有的挑战。为了维护生态安全，保障子孙后代的生活质量，我们特发起这份湿地保护倡议书，呼吁大家共同参与湿地保护工作。

一、增强环保意识，争做绿色守护者

湿地是地球上最富生物多样性的生态系统之一，是城市生态环境的重要组成部分。每位市民都应充分认识到湿地的重要性，从自身做起，增强环保意识、减少污染排放、珍惜水资源，共同维护湿地的生态平衡。

二、积极参与保护，贡献个人力量

保护湿地需要我们每个人的参与和贡献，市民朋友要积极参与湿地保护活动，如参加湿地保护志愿者团队、参与湿地保护知识宣传、参与湿地生态修复项目等，用自己的实际行动为湿地保护贡献力量。

三、倡导绿色生活，影响身边的人

作为社会的一员，我们每个人都有责任和义务去影响和带动身边的人，让我们从自身做起，倡导绿色生活，推广节能减排、低碳出行等环保理念，让更多的人了解湿地保护的重要性，形成全社会共同关注、共同参与湿地保护的良好氛围。

四、关注政策动态，为科学决策提供依据

湿地保护是一项系统工程，需要政府、企业和公众共同努力，市民朋友们要关注湿地保护相关政策法规的制定和实施，积极为湿地保护政策的制定提供建议和意见，为科学决策提供有力依据。

市民朋友们，湿地保护是一项长期而艰巨的任务，需要我们所有人的共同努力，让我们携手共进，共同守护这片宝贵的"绿色之肾"，为子孙后代留下一片片碧水蓝天。在此，我们再次呼吁大家，关注湿地保护，参与湿地保护，让我们的生活更加美好，让我们的城市更加宜居。

湿地小卫士团队
××××年××月××日

第三章 赏『湿』情画意 探植物奥秘

一、课程概况

（一）课程背景

湿地生态系统孕育了千姿百态的植物群落，这些植物以其独特的生存智慧和多姿多彩的外貌吸引了无数的自然爱好者。作为湿地生态系统不可或缺的组成部分，湿地植物在维持生态平衡方面发挥着举足轻重的作用。它们巧妙地适应了复杂的生存环境，展现出别具一格的生长形态和生态功能，成为开展自然类研学课程的宝贵素材。

课程内容立足于杏花村湿地中的常见湿地植物，从植物的结构、叶的形态，以及水生植物的分类、特性入手，通过"五感"（视觉、听觉、嗅觉、触觉和味觉）观察法和跨学科体验式实践学习，带领学生走进神奇多彩的植物王国，感受湿地植物的生机与活力，引导学生探索水生植物的生存智慧，以及对自然和人类的影响。同时，课程以杏花和芦苇为例，通过手工制作和户外探险等实践活动，激发学生的创造力，使学生在欣赏自然美景的同时，能深刻理解植物对生态环境和人类文化的重要性。

（二）研学对象

主授对象： 四～六年级学生

学情分析： 该年龄段的学生处于好奇心旺盛、探索欲望强烈的阶段，且已具备一定的审美能力，对身边的自然环境充满了求知欲，乐于聆听、观察、思考和实践不同的事物，但对自然环境的认知多停留在"看和玩"的层面，系统知识的学习不够深入，能认识一些身边的湿地植物，但对植物背后的智慧认知不足。因此，研学课程需要以丰富多彩的实践活动和体验式学习为主，更好地吸引他们的注意力，引导学生深入了解湿地植物的特征及其生存智慧，激发他们对植物世界的兴趣。通过互动合作的学习方式，培养团队合作意识，有效提升他们的社交能力和情商水平。

（三）教学目标

🌲🌲 总体目标

1. 了解湿地生态系统，认识湿地植物的特征，通过引导学生通过观察和实践来探究植物的基本结构，初步构建对湿地植物的整体认知；

2. 理解不同类型水生植物的特性及生存智慧，深入了解水生植物对湿地生态环境和人类活动的深远影响。通过观察与实践，让学生亲身体验植物旺盛的生命力与独特的智慧，培养他们勤于思考的习惯、善于动手的实践能力和创新精神；

3.探索杏花的独特形态及其丰富的象征意义,掌握蔷薇科植物的基本知识,让学生亲身感受杏花的细腻与美丽,加深对杏花文化和美学的感悟;

4.了解芦苇的特征和生态价值,以及其在经济和文化方面的作用,培养学生对自然环境的尊重和保护意识;

5.引导学生树立人与自然和谐共生的理念,培养他们保护环境的责任意识,并将这份责任意识转化为实际行动。

🌲🌲 涉及《指南》中的环境教育目标

环境意识: 欣赏自然的美,运用各种感官感知环境和身边的动植物。

环境知识: 列举各种生命形态的物质和能量需求,及其对生存环境的适应方式。

环境态度: 尊重生物生存的权力。珍视生物多样性,尊重一切生命及其生存环境。

技能方法: 学会思考、倾听、讨论。观察周围环境,思考并交流各自对环境的看法。

环境行动: 能够表达自己的环境保护观点,并以宣传或劝说的方式影响他人做出行为改变。

🌲🌲 与《课标》的联系

小学语文: 通过观察和实践,让学生亲身体验并表达对湿地植物的感悟,培养学生留心观察周围事物的习惯,丰富学生的见闻,珍视个人的独特感受,积累习作素材。

小学科学: 通过引导学生观察和实践来探究植物的基本结构,初步构建对湿地植物的整体认知,能说出周围常见植物的名称及其特征,以及这些特点对维持植物生存的作用,强调学生观察、实验和探究能力的培养。

小学美术: 鼓励学生敏锐地捕捉生活中的美好瞬间,并乐于将这些美好分享给他人,让美好的情趣为生命增添色彩。通过手工制作等实践活动,激发学生的创造力,培养学生的审美能力和创新精神。

初中生物: 探究植物的基本结构、特性及生存智慧,引导学生认识生物界的丰富多样性与内在统一性,深刻理解人与自然的紧密联系,培养学生的保护意识与责任感。

🌲🌲 核心素养

审美情趣、问题解决、乐学善学、社会责任、勇于探究、珍爱生命等。

（四）知识链接

1.关联学科

人教版语文二年级上册《荷花》；

人教版语文三年级上册《花钟》；

苏教版语文四年级下册《第一朵杏花》；

人教版生物七年级上册《植物体的结构层次》；

人教版语文六年级上册《夏天里的成长》；

人教版科学四年级下册《不同环境中的植物》；

人教版科学六年级上册《走进植物工厂》；

人教版科学六年级下册《生物的栖息地》；

人教版美术四年级下册《我们身边的植物》；

人教版美术五年级上册《美丽的纹样》。

2.知识推荐

（1）纪录片

《影响世界的中国植物》《植物私生活》《人与自然之植物的力量》等。

（2）书籍

何祖霞,郗旺,王凤英,等.自然中的植物课堂[M].北京:中国建筑工业出版社,2022.

同里国家湿地公园.对话同里湿地——生机湿地环境教育系列课程之同里篇[M].北京:中国林业出版社,2020.

若泽·爱德华多·门德斯·费朗.改变人类历史的植物[M].北京:商务印书馆,2022.

（五）课程特色

课程从宏观层面引导学生认识湿地植物的奥秘，逐步探寻湿地植物的生存智慧，再从微观层面探索杏花和芦苇，通过丰富的单元实践活动，为学生提供了多层次的学习体验。

在教学方法上，注重参与性和体验性，通过小组讨论、角色扮演、互动游戏、手工制作等多种形式，让学生在轻松愉快的氛围中掌握知识和技能。通过理论与实践有机结合，激发学生对植物的浓厚兴趣和深入认知。同时，课程注重培养学生的动手能力和创造力，让他们在亲身实践中获得自然的启示，感受生命的美好与奇迹。

二、课程体系与行程安排

（一）课程体系

本主题的研学课程体系见图3-1。

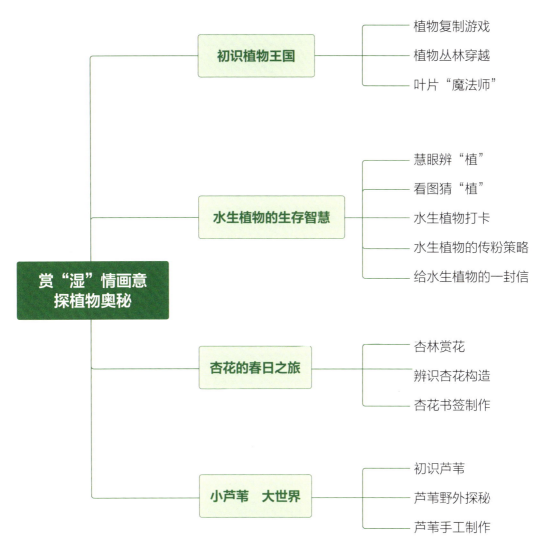

图3-1 "赏'湿'情画意 探植物奥秘"研学课程体系

（二）行程安排

"赏'湿'情画意 探植物奥秘"研学课程共计2天，行程安排见表3-1。

表 3-1　研学行程安排

时间		名称	研学地点	研学内容
第一天	8:30—9:00	开营仪式	可持续发展教育中心	1. 介绍课程内容； 2. 明确纪律与要求； 3. 破冰游戏。
	9:00—11:30	初识植物王国	水生植物园	1. 通过学生为自己起一个植物名导入课程； 2. 开展植物复制游戏，加深对植物结构与特点的认识； 3. 实地探险，了解杏花村湿地公园里的湿地植物； 4. 制作树叶拼贴画或叶脉拓印，掌握植物叶片的相关知识。
	14:30—17:00	水生植物的生存智慧	窥园	1. 开展"连一连"小游戏，引出水生植物生存智慧的话题； 2. 慧眼辨"植"和看图猜"植"，学习四种水生植物特点和生存智慧； 3. 水生植物打卡、"水生植物的传粉策略"和"给水生植物的一封信"，掌握有关水生植物的生存智慧。
第二天	09:00—11:30	杏花的春日之旅	百杏园	1. 看图识花导入课程； 2. 观察杏花形态，辨识杏花、樱花、桃花和梅花等蔷薇科花卉的区别，聆听杏花相关文化； 3. 辨识杏花构造； 4. 制作杏花书签。
	13:00—15:30	小芦苇　大世界	水生植物园	1. 以《国风·秦风·蒹葭》导入课程； 2. 观察芦苇形态，辨识芦苇、芦竹，学习芦苇的寓意和文学意象； 3. 芦苇野外探秘； 4. 制作芦苇手工艺品。
	16:30—17:00	闭营仪式	可持续发展教育中心	1. 回顾研学活动精彩瞬间； 2. 评选优秀团队，颁发奖品； 3. 学生代表分享交流； 4. 全员合影留念。

三、课程内容

"赏'湿'情画意　探植物奥秘"主题研学课程共分为开营仪式、初识植物王国、水生植物的生存智慧、杏花的春日之旅、小芦苇　大世界、闭营仪式6个环节。

（一）开营仪式

1. 地点：可持续发展教育中心。

2. 活动时长：30分钟。

3. 内容：教师介绍本次研学活动的主题、内容和行程安排，明确研学活动纪律、安全、学习等方面的要求；带领学生开展"破冰游戏"，构建合作互助的良好氛围，引导学生尽快投入即将开展的研学活动。

（二）课程单元

课程一　初识植物王国

【知识准备】

🌲 **认识植物**

植物是生态系统中重要的组成部分，对自然和人类都具有很大的价值和影响。植物种类繁多、形态各异、色彩丰富，结构更是复杂，包括细胞、组织、器官等。其中，植物的器官主要分为根、茎、芽、叶、花、果实和种子6大类型，它们在植物生长过程中扮演不同角色，起着不同作用，健康的器官和适宜的生长环境是植物茁壮生长的关键。

（1）**植物的根**：根是种子植物的营养器官，常生长于地下土壤中，因土壤环境相对稳定，所以根是植物体中比较保守的器官。自然界中存在较多适应不同生理状态的变态根，将植物体固定在土壤中，并将水分和矿物营养向植株的其他部位运输。

根有两大系统，直根系和须根系。直根系有一根又粗又长的主根，主根分生出来较细短的侧根；须根系像胡须一样没有明显的粗细长短之分。大部分的树是须根系，固着效果好，草本则两种根系都有。

（2）**植物的茎**：植物的主体部分和主干通常在地面上生长，有时也在地下生长。草本植物的茎和木本植物的树干决定了植物的高度。木本植物的树干有木质部和韧皮部，前者把根部吸收的水分由下向上输送，后者则把叶子进行光合作用制造的养分由上往下运送。

（3）**植物的芽**：芽可以分为叶芽、花芽和混合芽。芽在发育时，分生组织中的细胞进行分裂和分化，形成新的枝叶或花。根据着生在枝条的位置，芽被分为顶芽和侧芽。顶芽通常会抑制侧芽的发育，从而出现顶端优势。

植物芽的结构可分为芽轴（将来发育成茎）、幼叶（将来发育成叶）、芽原基（将来发育成侧芽）、叶原基（将来发育成幼叶）和生长点（将来发育成顶芽）。

"芽"是植物的雏形，孕育着生命和希望。芽的发育和分化对植物的形态建成和季节性生长周期具有决定性作用。

（4）植物的叶： 叶通常为绿色的结构，与植物的茎直接相连或通过叶柄相连，是种子植物制造有机养料的重要器官，是进行光合作用和蒸腾作用的主要部位。叶分为两大类，分别为常绿叶和凋落性叶。

（5）植物的花： 花是植物的繁殖器官，会发育成果实和种子，依靠颜色和气味等，与自然界其他生物产生联系，实现信息传递、物质循环和能量流动。

（6）植物的果实和种子： 果实通常由果皮和种子两部分组成。根据果实的来源，可分为真果和假果；根据心皮和花部的关系，可分为单果、聚合果、复果（聚花果）；根据果皮成熟时的结构和质地，可分为干果和肉质果。果实通常包含种子，是植物繁殖过程的最终产物，同时也保护种子，并通过各种机制（如动物传播、风力传播）帮助种子扩散到新的生长地点。果实为人类和许多动物提供食物来源。

🌲🌲 认识种子植物的叶

"一叶一世界"，形态多样的植物叶片是植物的重要组成部分，也在自然界中勾画出别样的风景。

（1）叶的结构： 植物的叶由叶片、叶柄和托叶三部分组成（图3-2）。

图3-2 叶的结构

表皮、叶肉和叶脉是叶片的三种基本结构。表皮上有一类细胞可以通过膨胀和收缩在细胞间形成空隙，就是叶片上的气孔，类似于人类的毛孔。叶肉是上下表皮之间的绿色组织的统称，有制造和储藏养料的作用，是叶绿体的大本营。叶脉是埋在叶肉中的维管组织，有输导和支持的作用。

叶枕是叶柄和叶片基部比较膨大的部分。叶枕内有贮水细胞，通过这些细胞的膨胀与收缩，能够调节叶片的方向。植物的睡眠运动就是靠叶枕来完成的。完全叶是具有叶片、叶柄和托叶三部分的叶；不完全叶是缺少其中任一部分或两部分的叶。

叶序是叶在茎上的排列方式。叶序的类型包括互生、对生、轮生和簇生。互生是指在茎上每一节只生有1片叶，如榆树；对生是指茎的每一节上有2片叶，如女贞；轮生是指茎的每一节上着生3片或3片以上的叶，排成轮状，如夹竹桃；簇生是指叶着生在节间极度缩短的短枝上，成簇而生。

叶缘是指叶片的边缘。其常见的形态有全缘，如女贞；波状，如酸模；锯齿状，如蔷薇等。

叶尖指叶片的尖端部分。其常见形态有渐尖、急尖、钝形、截形、短尖、骤尖、微缺尖、倒心形。

（2）**叶的形态：** 分为单叶和复叶。单叶是指单一的叶片连接在单一的叶柄上，每个叶柄上只有一片叶；当一个叶柄上生有2片或更多叶片时，被称为复叶。

根据小叶在叶轴上排列方式和数目的不同，可分为单身复叶、掌状复叶、三出复叶、羽状复叶等。

🌲🌲 植物拓印

植物拓印是一种艺术创作方法，通过将植物的叶片或花朵直接压印在纸张、布料或其他材料上，留下植物的轮廓和纹理。这种技术可以巧妙地捕捉到植物的自然美，并创造出独特的图案和色彩。

（1）**植物拓印的基本步骤：** 第一步，植物材料选择。选择健康且具有良好纹理的植物叶片或花朵，叶片应完整无损，花朵颜色鲜艳。第二步，材料准备。准备一张吸水性好的纸张（如宣纸或水彩纸）、布料或其他想要拓印的材料，确保材料表面干净、平整。第三步，布局设计。在纸张或布料上预先规划好植物的布局，考虑植物的大小、形状和颜色，以创造和谐的构图。

（2）**拓印过程：** 将叶片平铺在纸张或布料上，确保叶片正面朝下，背面朝上；将花朵直接放在材料上，或者将花瓣分开摆放，以展现花朵的细节；轻轻盖上纱布，防止取汁液的时候，花叶黏在锤子的接触面，使作品不完整。

①敲打或摩擦：用锤子、木槌或其他工具轻轻敲打叶片或花朵的背面，或者用手指轻轻摩擦，使植物的色素和纹理印在材料上。敲打或摩擦时要均匀，避免用力过猛，以免损坏植物或材料。

②覆盖保护：在拓印好的植物上覆盖一层保护纸或布料，以保护拓印的图案。

③连续敲打或摩擦：继续敲打或摩擦，直到植物的轮廓和纹理清晰地印在材

料上。

④移除植物材料：轻轻地从材料上移除植物，小心不要破坏拓印的图案。

⑤晾干：将拓印好的材料放在通风处晾干，以固定颜色。

⑥装裱：根据需要，将拓印好的纸张或布料装裱起来，以展示或保存。

【课程目标】

了解植物的结构特点及在生态系统中的作用，快速区分陆生植物和湿地植物的差异性；通过体验"植物拓印"，引导学生探索湿地植物的特征，观察它们为了适应环境而演化出的生存智慧。

【研学地点】

水生植物园。

【活动时长】

120～150分钟。

【辅助教具】

制作植物名牌的材料（卡片、绳子、胶布等）、普通小木槌、棉布方巾、干抹布、盆、宽透明胶、各种植物（花、草）、盐或明矾、彩笔、放大镜等。

【教学流程】

1.导入（10～15分钟）

教师指导学生为自己起一个独特的植物名，要求学生牢记彼此的植物名，后续活动中，大家均称呼对方的植物名。这一环节旨在为学生构建对植物的初步印象，实现人与植物的初次心灵联结。

2.构建（25～30分钟）

【植物复制游戏】

教师事先准备10种不同的植物（附近可以找到的）放在一张纸上，并用另外一张白纸遮盖，掀开给学生观察20秒后再迅速盖住，请学生在划定区域内寻找。然后，教师带领学生围绕放植物的白纸席地而坐，引导学生观察找到的植物和白纸上植物的差别，主要从外形、大小、颜色和材质等方面进行观察，提问式解读蕴藏在植物身体里面的根、茎、叶、花、果实和种子的秘密，帮助学生提高对植物构成的全面理解与认知。

教师介绍湿地环境植物，借助实物或图片引导学生探索杏花村湿地常见湿地植物（如"水八仙"）的特征。学生分享后教师总结。"水八仙"，又称水八鲜，包括茭白、莲藕、水芹、芡实（俗称鸡头米）、慈姑、荸荠、莼菜和欧菱八种可食用的水生植物。

3. 实践（70～80分钟）

【植物丛林穿越】

教师强调"探险"的任务并分发任务单。教师带领学生探索杏花村湿地公园"水生植物园"，探险线路上有杏花村湿地里的典型湿地植物，如香蒲、凤眼莲（俗称水葫芦）、铜钱草、芦苇、睡莲、美人蕉等。

任务一：用文字或图画在任务单上记录下沿途印象最深的植物，包括它的形态、具体位置和生长环境。

任务二：沿途捡拾一些完整的落叶，为后续的拓印做好准备。

【叶片"魔法师"】

教师根据时间安排，二选一开展以下活动。

【树叶拼贴画】

教师鼓励学生仔细观察沿途收集的树叶，这些树叶各具特色，形状和颜色各异，为学生提供了无尽的创意空间。学生可充分发挥想象力和创造力，设计树叶拼图的主题。在教师的指导下，学生用胶水将落叶精心粘贴在卡纸上，通过巧妙的组合，将普通的树叶变身为一幅幅独特而美丽的图案。在粘贴的过程中，教师需强调粘贴的顺序和层次感，以确保作品的视觉效果更加立体和丰富。完成拼图后，学生在贴画的下方标注作品名称及完成日期，收获大自然的一份美好馈赠。

注意：教师在课程开始前需要向学生说明，自然教育的前提是尊重和保护自然，不能以自然教育之名随意采摘植物、破坏自然。

【叶脉拓印】

教师介绍植物拓印的流程，学生全程在教师指导下进行叶脉拓印。教师叮嘱学生注意安全，使用木槌时，小心砸手。拓染好的作品在阴凉通风处晒干，不要暴晒，不要清洗。

4.分享（10~15分钟）

学生展示完成后的贴画或拓印作品，讲述树叶贴画或植物拓印的心得体会，以加深学生对植物叶片知识的理解，培养学生的创新意识、观察能力和动手能力。

5.总结（5~10分钟）

总结植物的结构，包括根、茎、芽、叶、花、果实和种子的特征。

总结杏花村湿地常见湿地植物的特点和生长习性。

总结植物拓印的科学原理、方法和技巧。

课程二 水生植物的生存智慧

【知识准备】

🌲 认识水生植物

湿地植物可以分为湿生和水生两种，其中，水生植物形态多姿多彩，分为挺水、浮叶、漂浮和沉水四种类型。

（1）挺水植物

①特征：这类植物植株高大、茎叶挺拔，立于水面以上，根和地下茎生于泥中，有些种类具有非常发达的根状茎，是水生、陆生植物间的过渡类型。由于其营养繁殖能力非常强，生长茂密，往往成为单种群落，有时以单种群丛出现，例如，芦苇、荻、荷花、黄鸢尾、慈姑、香蒲、再力花等。

②杏花村湿地常见挺水植物有茭白、荷花、再力花、黄菖蒲、香蒲、芦苇（图3-3）。

茭白　　　　　荷花　　　　　再力花

黄菖蒲　　　　香蒲　　　　　芦苇

图3-3　杏花村湿地公园常见挺水型植物

（2）浮叶植物

①特征：这类植物的根和地下茎生于泥中，根状茎粗壮发达，茎通常细弱而不能直立，有些种类无明显的地上茎，叶漂浮在水面，有些花大而美丽。例如，睡莲、芡实、菱角、荇菜等。浮叶型植物群落主要生长在挺水植物带与沉水植物带之间，但也常见于浅水处，主要生长在湖泊和池塘，底质一般为富含腐殖质的淤泥。

②杏花村湿地常见浮叶植物有睡莲和欧菱（图3-4）。

睡莲　　　　　　　　　　　　　　欧菱

图3-4　杏花村湿地公园常见浮叶型植物

（3）漂浮植物

①特征：这类水生植物种类较少，但很有特色，根不生于泥中，全株漂浮于水面，绝大多数种类叶片革质，为亮绿色，有的花大而鲜艳。例如，满江红、凤眼莲、槐叶苹、浮萍、水鳖等。漂浮植物群落一般分布在静水区域，它们繁殖快，能很快占领水面。由于覆盖度极高，以致日光难以透入水内，不及沉水植物生长迅速，常为单优群落。

②杏花村湿地常见漂浮植物有浮萍和凤眼莲（图3-5）。

浮萍　　　　　　　　　　　　　　凤眼莲

图3-5　杏花村湿地公园常见漂浮型植物

（4）沉水植物

①特征：这类植物茎、叶全部沉没于水中，根生于或不生于泥中，各器官的形态和构造都具有典型的水生特性，叶片结构中无栅栏组织和海绵组织的分化，细胞间隙大，无气孔，机械组织不发达，所有的细胞都能进行光合作用。沉水植物可供观赏的种类较多，但是花普遍很小，花期较短，以观叶和株形为主，仅有水鳖科水车前属的一些种类花较大，开放时浮于水面，其他绝大多数种类花小并在水下开放。例如，水车前、黑藻、金鱼藻、黄花狸藻、苦草等。

②杏花村湿地常见沉水植物有黄花狸藻和菹草（图3-6）。

狸藻　　　　　　　　　　　　　菹草

图3-6　杏花村湿地公园常见沉水型植物

🌲🌲 水生植物的生存智慧

水生植物是指在生理上依附于水环境，至少部分生殖周期发生在水中或水表面的植物。它们由于常年生活在水中，其形态特征、生长习性和生理机能等方面和陆生植物有明显差异。主要表现在以下几点。

（1）**结构特征**：水生植物因适应水生环境而具有独特的结构特征。首先，它们通常具有气孔缺乏的特点，减少了水分的散失和气体交换；其次，水生植物的茎和叶片通常较柔软且细长，减少了对水流的阻力，有利于在水中生长和扩展。部分水生植物具有异形叶，水上叶子和水下叶子呈现不一样的形态，以适应不同的环境。同一种植株上的水上叶和水下叶也是不同形状的，如慈姑和欧菱，浮在水面上的叶子具有海绵质气囊，帮助其增加浮力，漂浮在水面上；水下叶细小、带状，可以减缓水流冲击。此外，一些水生植物还具有特殊的浮力调节机制，如气囊、空腔等，以维持在水中的平衡和稳定。

（2）**养分吸收与转运**：水生植物在水中获取养分的方式与陆地植物有所不同。

它们通过根部吸收水中溶解的无机养分，如氮、磷、钾等，并利用水中悬浮的有机物质进行营养摄取。为了适应水中环境的特点，水生植物的根部通常较为发达，并具有吸附表面积大、根毛丰富的特点，以增强养分吸收能力。此外，一些水生植物还具备菌根共生关系，通过与真菌合作，进一步提高养分吸收效率。

（3）**呼吸作用**：水生植物的呼吸作用也具有独特之处。由于水中氧气含量较空气中低，水生植物必须通过适应性结构和机制来增加氧气的吸收。其中，水生植物的根部和叶片通常具备气孔或气道，用于氧气的进出和二氧化碳的排出。此外，一些水生植物还通过氧气的扩散和根部的通气组织，提高根部呼吸的效率，以满足其生存需求。

（4）**繁殖方式**：水生植物的繁殖方式多样且独特，除了传统的有性繁殖，水生植物还可通过无性繁殖的方式快速繁衍，如它们可以通过分株、茎节、花序、藻丝等途径进行无性繁殖。这种繁殖方式使水生植物能够迅速适应不同的水域环境，并在适宜条件下迅速扩散和繁衍。

【课程目标】

了解四种类型水生植物（挺水型、沉水型、浮叶型和漂浮型植物）的特点和区别；掌握代表性水生植物的生存智慧；了解水生植物的智慧对人类生活的影响和启示，借助"观察+讲解+合作"的实践方式，让学生亲身感受和体验植物智慧和顽强的生命力，培养学生勤于思考、善于动手的能力，鼓励学生从自然中获取灵感，感受生命的美好。

【研学地点】

窥园。

【活动时长】

120~150分钟。

【辅助教具】

植物智慧系列的视频和图片、制作明信片的材料（卡片、彩笔等）、游戏材料等。

【教学流程】

1.导入（10~15分钟）

【走近生活中的发明】

学生通过"连一连"小游戏，思考生活中常见物品——锯子、魔术贴、易清洗的西装的发明灵感。教师提问引导学生分享"三种物品发明灵感的依据是什么"。教师根据学生回答进行总结：锯子的发明灵感源自锯齿草，魔术贴的发明灵感源自苍耳的种子，易清洗的西装面料则采用了受到莲"出淤泥而不染"特性启迪而发明的纳米技术，进而引出"水生植物的生存智慧"的话题。

2.构建（35~40分钟）

【慧眼辨"植"】

教师展示四种类型水生植物，引导学生观察并说出它们的特点和区别。教师总结并详细介绍挺水、沉水、浮叶和漂浮植物的特点和生存智慧，学生初步构建对于四类水生植物的认知。

【看图猜"植"】

以海报为载体，教师进行引导，使学生了解杏花村湿地典型水生植物的特征。教师展示"看图猜植"的海报，学生观察海报1~2分钟，教师提示学生猜一猜相对应的植物。在师生互动过程中，教师穿插介绍水生植物的生存智慧。

3.实践（60~70分钟）

【水生植物打卡】

教师为学生分发印有杏花村湿地水生植物图片的卡片。在教师的指导下，学

生分组在窥园中寻找卡片上的水生植物，并分享寻找过程中遇到的困难和问题。教师总结杏花村湿地水生植物的外形特性、生长习性和生存环境，引导学生关注身边水生植物的生存智慧。

【水生植物的传粉策略】

教师以"水中落花生"——欧菱切入主题，介绍欧菱的传播方式，引出水生植物传粉策略的话题。教师再介绍水生植物另外两种传粉方式：风传粉和虫传粉，通过分组竞答的方式，总结水生植物传粉的知识，让学生掌握水生植物的生存智慧。

【给水生植物的一封信】

教师鼓励学生画出喜爱的水生植物，既可以是不屈不挠的芦苇，也可以是中通外直的荷花。学生结合学习到的杏花村湿地里水生植物的相关知识，为自己喜爱的水生植物进行画像，勾勒出水生植物的智慧与魅力。教师引导学生在画像上写下对它的赞美之词，进一步加深学生对水生植物的热爱与敬畏，给这次活动留下美好回忆。

> 芦苇：你长长的秆，在风雨里坚强不屈，像勇士般，给周围的小伙伴们提供了坚实的庇护。
>
> 荷花：小小的你拥有发达的通气系统和出淤泥而不染的个性，这些锻造了你美丽且高洁的生命力。

4.分享（10~15分钟）

分享如何辨别四种类型水生植物的技巧，说出杏花村湿地里常见水生植物的类型、生长环境和生存智慧。

分享水生植物的生存智慧对人类日常生活的启示。

分享水生植物和陆生植物的传粉策略的异同。

5.总结（5～10分钟）

总结挺水、沉水、浮叶、漂浮植物的特点和生存智慧，及其对人类日常生活的启示。

鼓励学生学习和欣赏水生植物的智慧与美，理解植物多样性的价值和意义，更好地保护地球家园。

课程三 杏花的春日之旅

【知识准备】

🌲🌲 认识杏花

杏，蔷薇科李属落叶乔木植物。杏花的花期在每年3—4月，杏花单生，先于叶开放。每朵花通常由5片花瓣组成，花瓣白色或稍带红晕，形状多变，从近圆形到倒卵形不等；子房被短柔毛，花柱下半部分具柔毛。花形与梅花相似，含苞时呈红色，随着花朵的开放，颜色逐渐变淡，从初放时的红色渐变至凋落时的偏白色。

杏树可配植于庭前、墙隅、道路旁、水边，也可群植、片植于山坡、水畔，是春季主要的观赏树种。杏树属阳性树种，非常喜光，适合栽种在向阳处，在阳光充足的位置生长良好，缺光荫蔽处生长不良。杏树为深根性树木，对土壤和地势的要求不高，比较耐干旱，不耐水湿，并且耐寒力较强，在壤土、黏土、微酸性土、碱性土中都能生长。

🌲🌲 杏花的传粉方式

杏花有三种不同的授粉方式：自花传粉、异花传粉和人工辅助授粉。

自花传粉是指杏花在同一朵花内完成授粉的过程。由于杏花是两性花，即一朵花内既有雄蕊又有雌蕊，因此可以通过风或昆虫等自然因素使花粉从雄蕊传播到雌蕊上，实现自花传粉。自花传粉的优点是授粉过程简单，不容易受到外界因素的干扰，但其缺点是容易导致基因单一化，影响杏树的遗传多样性。

异花传粉是指杏花通过风或昆虫等自然因素，将花粉从一朵花的雄蕊传播到另一朵花的雌蕊上，实现不同花之间的授粉。异花传粉可以增加杏树的遗传多样性，提高果实的品质和产量。但需要注意的是，异花传粉需要适宜的环境条件和充足的传粉媒介，否则会影响授粉效果。

人工辅助授粉是指人工将花粉涂抹到杏花雌蕊上的过程。人工辅助授粉可以提高杏树的授粉率和结实率，促进果实的均匀成熟，提高产量。同时，人工辅助授粉还可以有效地避免自然条件下授粉不良的问题，如花期遭遇连续阴雨等天气影响，或者传粉媒介不足等情况。

🌲🌲 花的结构

花的形状千姿百态，它们的结构却有共同之处，一般来说，植物的花朵由以下部分组成（图3-7）。

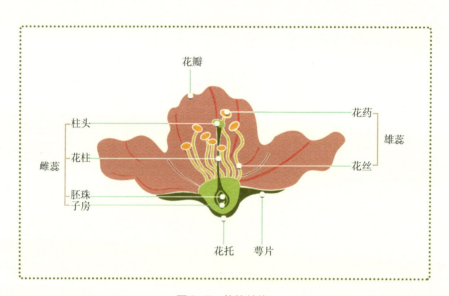

图3-7　花的结构

花柄： 也称花梗，是连接花与茎的柄状结构，其基本构造与茎相似。它既能连接茎和花，又具有一定的柔韧性，同时稳固地支撑着花朵。果实形成时，花柄发育为果柄。杏花的花柄较短，将花朵连接到茎上，使花朵能够从树枝上垂悬。

花托： 花托位于花柄的底端，是花器官其他各个组成成分着生的部位。其形态因植物种类不同而有所差异，有些植物的花托为圆柱状、圆锥状、杯状，有的会扩大成为花盘，有的在雌蕊基部呈短柄状。传粉受精后，有的花托会迅速伸长，形成雌蕊柄或子房柄，以支持子房，这样的伸长花托被称为雌蕊柄或子房柄。花托是花朵的基部，它支持着整个花朵结构。在杏花中，花托位于花朵的底部，承载着花萼、花瓣、雄蕊和雌蕊。

花萼：由一定数目的萼片组成，可以进行光合作用，为花芽提供营养。有一些植物的花萼呈现喇叭状，有利于植物传粉。杏花的花萼为深红色或红色，萼片卵形至卵状长圆形，先端急尖或圆钝，花后反折。

花冠：由若干花瓣组成，可以排列为一轮或多轮。花瓣的颜色比较鲜艳，这是有色体或液泡中的花色素所致。有的花瓣基部具有分泌挥发油和蜜汁的能力。花瓣彼此分离的花被称为离瓣花，而花瓣彼此联合形成的则被称为合瓣花。合瓣花的花冠不分裂成明显的花瓣，而是形成一个整体的管状或钟状结构。花冠是花朵中色彩鲜艳的部分，其颜色多样，通常起到吸引传粉者的作用。在杏花中，花冠呈现出白色或粉红色，与花萼相连，共同构成了花朵的外观。

雄蕊：由花药和花丝构成。花药是花丝顶端的膨大部分，形如囊状，内部含有花粉囊，这些花粉囊能够产生大量的花粉粒。花丝细长，其基部着生在花托上，或者紧贴在花冠的基部。

雌蕊：多数植物的花只有1枚雌蕊。雌蕊由心皮发育而来，心皮是变态的叶。它由柱头、花柱和子房3部分组成。柱头位于雌蕊的上部，多呈羽毛状，增加了接受花粉粒的表面积。多数植物的柱头能分泌多种物质，有助于花粉粒的附着。花柱位于柱头和子房之间，是花粉萌发后花粉管进入子房的通道。花柱的长度和形态对花粉的传播和受精有重要影响。子房是雌蕊基部膨大的部分，外部为子房壁，内部包含1至多枚胚珠，胚珠内含有卵细胞。卵细胞受精后，整个子房发育为果实，其中，子房壁变为果皮，而胚珠则发育为种子。由于组成雌蕊的心皮数目和心皮间的结合情况不同，雌蕊可分为单雌蕊和复雌蕊，是花的雌性生殖器官。杏花有1枚雌蕊，通常位于花冠和雄蕊的中央，是花朵的中心部分。

🌲🌲 辨识杏花要点

杏花属蔷薇科，蔷薇科是植物界的一个大科。生活中常见的花卉，如梅花、樱花、桃花、梨花、李花等都是蔷薇科植物。具体来看，可按照以下特征来分辨杏花。

①单花开放，花朵十分饱满，花开后花萼往后翻；

②花谢后叶片才开始生长；

③花梗相对较短；

④花瓣颜色白里透红，花萼、嫩枝条通常为红褐色。

🌲🌲 杏花文化知多少

（1）杏花相关的诗句

杏花在古代诗词中被广泛使用，它常常象征着春天的美好、生机与希望，也代表了短暂而珍贵的美好时光。杏花盛开的景象往往被诗人们用来描绘春天的来临、生命的蓬勃与美好的景象。在中国诗词中，杏花常常与梅花、桃花一起被提及，它们合称为"三春"之花，代表着不同的美好意境。杏花也常常被用来表达离别之情。因为杏花的花期很短，象征着生命的短暂与易逝，所以在诗词中常常用来抒发离别的感伤情绪，比如，离别时节盛开的杏花，更显别离之苦。总体来说，杏花在古代诗词中被广泛运用，其寓意包括春天的美好、生命的短暂以及离别的悲伤，是中国诗词中常见的意象之一。

与杏花相关的诗句有：

> "借问酒家何处有，牧童遥指杏花村。"——杜牧《清明》
>
> "杏花枝上著春风，十里烟村一色红。"——沈昌《杏花村》
>
> "春来江水绿如蓝，能不忆杏花飞雨。"——苏轼《饮湖上初晴后雨二首》
>
> "杏花红杏花白，低低飞舞又一年。"——白居易《长恨歌》
>
> "杏花细雨春来早，离愁渐远渐无边。"——晏殊《浣溪沙》
>
> "小楼一夜听春雨，深巷明朝卖杏花。"——陆游《临安春雨初霁》
>
> "居邻北郭古寺空，杏花两株能白红。"——韩愈《杏花》
>
> "晚风杨叶社，寒食杏花村。"——温庭筠《与友人别》
>
> "林外鸣鸠春雨歇，屋头初日杏花繁。"——欧阳修《田家》

（2）杏花相关词汇的寓意

与杏花相关的词汇繁多，包括杏坛、杏林、杏园等。

"杏坛" 代表教育界。传说，孔子讲学的地方种满了杏树，后来，人们常以"杏坛"来代指孔子讲学的地方，也泛指授业讲学之地。孔子在游学授课时，在一处杏林内与徒弟授业，由于孔子所处的时代动荡不安，其思想在那个时代也没有被认可。于是，他便潜心钻研传道授业，在杏林内与弟子们讲述了"诗、礼、易、乐"，为儒家文化的传播打下了坚实基础。后人为了纪念孔子，在其授学地点种上大量杏树，以"杏坛"命名。

"杏林" 一词起源于东汉末期。东汉时期，有一位名叫董奉的医生，他与人看病时不收取任何费用，只需要病人痊愈后在自己的医馆附近种上5棵杏树即可。10年过去后，董奉的医馆旁杏林茂密，场面蔚为壮观。每年的杏果成熟后，他又将果子卖出后换来粮食救济周边的贫苦百姓，董奉的这种做法让周围百姓交口称赞，并在其死后于杏林中设坛祭祀他。后来，杏林成为医学界的代称，医家也喜欢以"杏林中人"自居。

"杏园" 一词最早是指科举中榜者用来游宴的场所。唐中宗神龙年间，凡是新科进士及第的，都要参加曲江、杏园游宴，当时的会客场所被称为杏园，在今天的陕西省大雁塔南。杏园游宴也是唐代文人的一次雅趣活动，考取进士的人一般也会被称为"杏园客"，在参与宴会后还会被邀请登临大雁塔，题名塔壁作为留念。"杏园"后衍生为庆贺金榜题名的指代意思。杏花在古代又被叫作及第花，唐代郑谷在《曲江红杏》一诗中写道："女郎折得殷勤看，道是春风及第花。"这里的及第花指的就是杏花。杏花被称为及第花，主要是因为它的花期与古代科举考试的时间相近，人们因此将杏花与金榜题名联系在一起。

因为杏与幸谐音，所以，杏花一直被视为幸福的象征，而且古代以杏花为贵，杏花有着崇高的地位。杏花在民间有丰富多样的用途，如在婚嫁习俗中寓意美满姻缘，因此新娘花轿装饰有杏花；再如，杏花是寿辰礼品中的重要元素，寓意长寿和多子多福。古代的诗人常将杏花誉为轻愁淡喜之花、心绪缭乱之花，而在现代人的生活中，杏花的花语和寓意多为表达少女的娇羞、疑惑。

【课程目标】

了解杏花形态、构造、生长环境及辨识方法；了解杏花的象征意义，学习与杏花相关的诗词等；通过自己动手做手工，让学生亲身体验杏花的魅力，培养学生的动手能力和创造力。

【研学地点】
百杏园。

【活动时长】
120～150分钟。

【辅助教具】
花的结构模型、花的结构表、水彩纸、水彩颜料、画笔、调色盘、塑封膜、书签穗、铅笔、印有蔷薇科植物的图片若干等。

【教学流程】

1.导入（5～10分钟）
教师向学生展示绘有杏花、桃花、梅花和樱花等蔷薇科花卉的图片，并让学生指出哪张图片是杏花。

2.构建（30～35分钟）

【杏林赏花】

教师带领学生走进百杏园中实地观察杏花形态，为学生布置小组任务：自主观察并探讨杏花、桃花、梅花和樱花的不同特征。教师提醒学生可从颜色、形状、花梗以及花叶的关系等方面进行重点观察。观察结束后，每组选派一位代表分享他们的发现，教师总结并解析常见蔷薇科花卉的主要区别。

教师组织学生分组观察杏花的形态特征以及杏花与传粉昆虫的关系，不仅要求学生细致入微地记录杏花的颜色、形状、香气等，更要巧妙地引导他们由视觉享受到心灵触动，去思考与杏花相关的经典诗句。不仅如此，教师还要进一步引申出关于杏花的丰富文化知识，讲述杏花在中国文化中的特殊地位——它既是春天的使者，又是美好爱情的象征。从古代的文人墨客到现代的诗歌创作者，杏花一直都是他们笔下的宠儿。

3. 实践（70~80分钟）

【辨识杏花构造】

教师用教具详细解说花的结构。讲解完毕后，可拣取掉落的杏花为样本，分别从花柄、花托、花萼、花冠、雄蕊和雌蕊6个部分向学生分析杏花的结构，在讲解雄蕊和雌蕊的过程中可穿插讲解杏花的传粉方式。

学习完杏花的结构，学生使用拣取的杏花进行"解剖"，并将杏花的每个部分对应粘贴在花的结构表中。

【杏花书签制作】

学生可选择一种自己喜欢的颜色，用画笔蘸取颜料，在调色盘中加少许水稀释调和，再画到水彩纸上。等画面水分干后，学生可以发挥自己的创造力画上杏花的不同形态，也可以在书签上配上诗句或加上自己喜欢的装饰。

4. 分享（10~15分钟）

学生展示自己制作的杏花书签，分享创作的思路与心得，加深学生对杏花形态和文化的理解，培养其观察能力和创造力。

5. 总结（5~10分钟）

总结杏花的特征与习性、结构和辨识方法。

总结杏花的文化内涵和寓意，培养学生对自然美的欣赏和表达能力。

课程四 小芦苇 大世界

【知识准备】

🌲 芦苇的特征与习性

芦苇属禾本科多年生挺水草本植物，作为一种适应性极强，在全世界广泛分布的植物，其种群在湖滨、沼泽、河流、荒漠、盐碱地都能生长。在我国，芦苇的分布范围很广，从黑龙江的三江平原到湖南的洞庭湖畔，从西南的高原湿地到东部的滨海滩涂，特别是在东北、华北、西北地区更为集中。芦苇是杏花村湿地内较为常见的挺水植物，主要分布在河岸或沼泽地带，通常呈单优势群落，植株层高约2米，盖度一般在60%~80%。2023年调查数据显示，杏花村湿地内有芦苇群系33.6公顷，覆盖率约为1.53%。

🌲🌲 芦苇的结构

芦苇由芦根、芦秆、芦叶和芦花四部分组成（图3-8）。

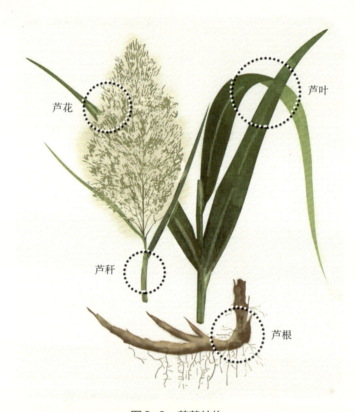

图3-8 芦苇结构

芦根： 芦苇根系发达，主要分布在地下，以须根为主。须根有助于吸收水分和养分，并能在不同环境中稳定植物。芦苇的根系具有很强的适应性，既能生长在水中，也能生长在湿润的陆地环境中。由于芦苇通常生长在水域中，其根系用来稳定地固定在泥沙中，并有效地吸收水分和养分。芦苇的根系可以深入地下数米，这种结构使它们能够承受水流和风力的冲击。

芦秆： 芦苇的茎秆是其主要支撑结构，承担着支撑叶片、输送养分和水分的重要任务。茎秆的外部包裹着坚韧的纤维素细胞，具有很高的抗压性和抗拉性；内部则有空腔，负责疏导水分和养分。

芦叶： 芦苇的叶片呈狭长状，长度可达几十厘米，宽度几毫米至几厘米不等。叶片边缘平滑，两侧的主脉相互平行，叶片的表面具有微小的气孔，用于呼吸和光合作用。芦苇叶片具有较高的光合作用效率，能够将阳光、水和二氧化碳转化为植物生长所需的养分和能量。

芦花： 芦苇的花呈棕色、白色或其他颜色（因品种而异），生长在茎顶部，花序呈圆锥状，花期在每年的夏季至秋季。花序由许多小穗组成，每个小穗由多个单性小花紧密排列而成，其中，雄性小花位于上部，雌性小花位于下部。芦苇的花朵较小，果实为颖果。芦苇的花和果实是许多鸟类和昆虫的食物来源，对于维持生态平衡具有重要意义。

🌲🌲 如何辨识芦苇

芦苇和芦竹外形极为相似，均属禾本科，都是成丛生长，有挺拔的茎秆、狭长的叶片，以及顶生的蓬松圆锥花序。但按照现代植物分类学，芦苇属于芦苇属，芦竹属于芦竹属。

芦苇生长于河堤和沼泽地带，其叶片纤细而长。芦苇茎秆达20多节，下部常生有细白柔毛。其茎直立，长细如毛，叶宽，中脉不显著，与整个叶面同色，顶端的穗子呈空心苗状，"茎秆直立长细毛，长长穗子空心苗"形容的就是芦苇。秋季，芦苇会逐渐泛黄，花紧密浓厚，呈淡棕褐色。

芦竹喜生于岸边，适应性很强，对土壤要求不高，只要水分充足，到处都可生长。茎秆粗大且直立坚硬，形似竹节状，相比芦苇、芦荻更为粗壮。常生分枝，茎部次年可再生新叶，而芦苇只能从地下抽发新草。若去除叶片，芦竹形似竹子。芦竹的花序最大，凝聚呈火把状直指云天，无论风吹雨打始终保持昂然向上。

🌲🌲 芦苇的生态与经济价值

（1）生态价值

首先，芦苇是一种极其重要的湿地植物。在湖泊、河流、沼泽等水域生态系统中，芦苇能够有效地稳定河岸，防止水土流失，维护水域生态平衡。它们的根系深入水底，能够有效地固定土壤，防止水流冲刷导致的河岸侵蚀。同时，芦苇还能通过吸收和储存大量的水分，起到调节水位、减缓水流速度的作用，对于防治洪涝灾害和保护水资源具有重要作用。

其次，芦苇丛是众多野生动植物的理想栖息地。它们的存在为许多鸟类、昆虫和其他小型动物提供了食物来源和避难所。许多鸟类如野鸭、鹤等都将芦苇丛作为它们的繁殖地和栖息地。此外，芦苇丛中丰富的昆虫资源也为鸟类提供了丰富的食物来源。这些动植物在芦苇的庇护下繁衍生息，形成了复杂的生态食物链，维持了湿地生物多样性的稳定和繁荣。

最后，芦苇对于改善环境质量也起着不可忽视的作用。它们能够吸收大量的二氧化碳和其他有害气体，减轻空气污染。同时，芦苇还能通过吸收水体中的营养物质和重金属元素，起到净化水质的作用。这种生态净化功能对于保护水源地、维护水环境健康具有极其重要的意义。

（2）经济价值

由于芦苇独特的生长习性和生态适应性，其在造纸、纺织、园艺等领域有着广泛的应用。

芦苇具备可再生、可降解和无污染等优点，其茎秆坚韧，纤维长，木质素含量高，有优良的耐水性、抗病性、柔韧性，使芦苇在制造某些产品时可代替木材，如在制造纸张、人造板时可以作为主要的原料。同时，芦苇可用于编织工艺品，其茎秆质地坚韧，便于加工，用它编织成的各种形态的工艺品具有较高的观赏价值和实用价值。芦苇还可以作为能源植物开发，其生物质能产量高，可作为生物质能的生产原料，有助于缓解世界面临的能源短缺问题。

🌲🌲 芦苇文化知多少

（1）芦苇的象征意义

从芦苇的生长习性及外观形态等特征可以总结出芦苇有以下象征意义。

坚韧不拔——芦苇生长在湿地中，遭受风雨洗礼仍顽强生长，寓意坚韧不拔，提醒人们在困难面前要坚强不屈。

谦逊平和——芦苇虽高大挺拔，但总低头致敬，寓意谦逊平和，告诉人们要保持谦虚、尊重他人。

生机勃勃——芦苇摇曳生姿，充满生机，寓意希望和生机，提醒人们在困难面前保持乐观，相信明天会更好。

友爱团结——芦苇在湿地中成群结队生长，相互依偎、支持，寓意友爱和团结，告诉人们要团结友爱、共同进步。

> **《芦苇与橡树》**
>
> 　　有一个寓意深刻的寓言故事叫作《芦苇与橡树》(The Oak and the Reed)，是古希腊寓言大师伊索的作品。这个故事讲述了一根芦苇和一棵橡树之间的对话，通过它们各自的特点来表达一种道理。
>
> 　　故事中，一场风暴来临，强劲的风吹倒了一棵橡树，而芦苇却屹立不倒。橡树因为自己的坚硬和自信而自负，而芦苇则因为柔韧和谦虚克服了风暴的考验。最后，橡树倒下了，而芦苇却依然挺立。
>
> 　　这个故事告诉人们，柔软的力量常常比刚强更具有生存力。在面对挑战和困难时，灵活适应和谦虚的态度往往能够带来更大的成功和生存的机会。而固执和自负则可能导致失败和崩溃。这个故事教导人们要学会谦虚、适应和柔韧，以应对生活中的各种变化和挑战。

（2）芦苇的文学意象

首先，芦苇是文学作品中一个重要的意象，历经漫长的文化积淀，逐渐承载了丰富的情感寓意。"蒹葭苍苍，白露为霜"，人们最早对芦苇的关注就是秋季芦苇萧瑟枯黄的特征。秋季引起了诗人的深思与感慨，芦苇作为秋季的标志性景物，自然而然地成为了承载并传达秋季时序之感的媒介。杜荀鹤《溪岸秋思》中有"秋风忽起溪滩白，零落岸边芦荻花"。岳珂《次韵赵季茂寄诗》中有"蒹葭道阻长，人在水中央。鸿笔写秋思，骊珠比夜光"。

其次，在古代，水路是主要的交通方式，芦苇因其依水而生、广泛分布的特性，频繁地映入漂泊者的眼帘。随着时间的推移，漂泊者逐渐将个人情感与芦苇枯荣紧密相连，从而使得芦苇承载了漂泊旅人内心的愁绪与感慨。如王令《晚泊》中的"客子有倦怀，归心动秋苇"，将客子、芦苇、乡心汇合在一起。

此外，在文学作品中，芦苇还被用来寓意人生无常的感慨和离情别绪。例如：

> **《晚泊牛渚》**
> （唐代）刘禹锡
> 芦苇晚风起，秋江鳞甲生。
> 残霞忽变色，游雁有馀声。
> 戍鼓音响绝，渔家灯火明。
> 无人能咏史，独自月中行。

刘禹锡做官，起伏较大，多次被贬，由于天生的傲骨和不屈的个性，他常常在诗中抨击权贵，因此受到排挤，因此一生多次变换角色和地点。在一次调任途中泛舟秋江，夜幕降临时，他行至牛渚靠岸，见秋波连连、芦苇飘荡，因而触景生情，感悟人生的无奈。

又如，贾岛的《送耿处士》。此诗以长满芦苇的江景烘托人物的情感，其时间、地点、人物、事件罗列清楚。"秋色静""晚风鸣"点明了在秋日暮至时；"孤舟""芦苇"说明了在江边不远处；而"言行"则交代了人物；"离别酒"写出了酒肆话别这一事件。从诗中可体会到作者的朋友行色匆匆、急切赶路的情景。

> **《送耿处士》**
> （唐代）贾岛
> 一瓶离别酒，未尽即言行。
> 万水千山路，孤舟几月程。
> 川原秋色静，芦苇晚风鸣。
> 迢递不归客，人传虚隐名。

芦苇在古代诗词中具有丰富的意蕴，既展现了大自然的美丽景色，又寓意着生命的顽强和季节的更迭。对芦苇的描绘，表达了诗人的情感和对世界的感悟。而在今天，芦苇依然是人们欣赏自然、感悟生命的美好载体。例如，樊发稼的《故乡的芦苇》。此诗以芦苇为象征，通过对芦苇的描写，表达了作者对故乡的眷恋、对家乡风土人情的思念之情。法国哲学家帕斯卡尔在《思想录》中写道："人是一根会思考的芦苇"，意思是人是脆弱的，好比一根芦苇，同时人又是强大的，因为人会思考、改进，使弱小的自己进步，并由此变得强大。

【课程目标】

了解芦苇的特征与习性、结构组成和辨识方法；了解芦苇在生态、经济和文化等方面的价值，培养学生对自然环境的尊重和保护意识；进行野外探险和手工制作等活动，增强学生的实践能力和创造力。

【研学地点】

水生植物园。

【活动时长】

120～150分钟。

【辅助教具】

放大镜、收集瓶、塑料袋、笔、《芦苇观察记录表》等。

【教学流程】

1. 导入（5～10分钟）

教师以《国风·秦风·蒹葭》中脍炙人口的诗句"蒹葭苍苍，白露为霜"为引子，深入浅出地向学生介绍一种常见的植物——芦苇。蒹葭是指特定生长周期的荻与芦，蒹是没长穗的荻，葭是初生的芦苇。

2.构建（30~35分钟）

【初识芦苇】

教师带领学生走近芦苇，引导学生主动观察芦苇并比较芦苇和芦竹的区别。教师可提示学生从生长环境、茎的粗细与高度、花的特征等方面展开观察。观察结束后由学生分享，教师讲解芦苇的特征及芦苇与易混淆植物间的不同处。

播放短视频《芦苇与橡树》，引起学生兴趣。同时，结合实地环境观察芦苇生长习性，探讨芦苇的寓意和文学意象，让学生理解芦苇不仅是一种植物，也给人们提供了许多有关生活态度和人生哲理的启示，如坚韧不拔、谦逊平和、团结友爱等。

3.实践（70~80分钟）

【芦苇野外探秘】

学生分组前往有芦苇的地方进行野外观察。教师在湿地中引导学生观察芦苇的生长环境和外观形态等，指导学生收集芦苇的样本，并观察其根、茎、叶、花等结构。学生在完成《芦苇观察记录表》（图3-9）后对芦苇的特征习性有了初步的认知，教师再结合芦苇组成部分——芦根、芦秆、芦叶、芦花，详细讲解每个部分的特征与作用。

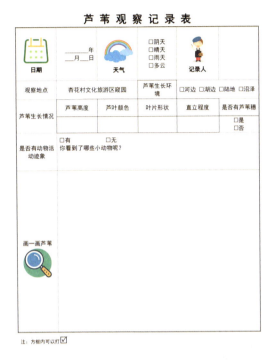

图3-9 《芦苇观察记录表》

【芦苇手工制作】

提供芦苇和其他材料，引导学生制作简单的芦苇手工艺品，如使用芦苇编织小篮子、芦苇风铃，制作芦苇画等。在制作过程中，教师可加强环境保护教育，引导学生使用可回收材料，或者设计一些与环境保护相关的主题，如制作环境保护宣传标语等。

4. 分享（10～15分钟）

学生展示自己制作的手工艺品，分享创作心得。

教师分享芦苇种子传播的秘诀，引导学生思考芦苇与其他物种间的关系，让学生意识到自然界生物相互依存的关系以及湿地保护的重要性，并激发他们对环保的思考。

5. 总结（5～10分钟）

总结芦苇的特征习性、结构和辨识方法，简述芦苇的象征寓意和文学意象。

总结芦苇的作用和价值，增强学生对自然环境的敬畏和保护意识。

（三）闭营仪式

1. **地点**：可持续发展教育中心。

2. **活动时长**：30分钟。

3. **活动内容**：展示学生研学的精彩瞬间；评选优秀团队，颁发奖品；学生代表分享交流；进行研学总结，升华主题内容，培养学生保护生态、珍惜生命、热爱自然等情感和价值观念；合影留念，致欢送词。

第四章 妙趣『虫』生 飞鸟寻踪

一、课程概况

（一）课程背景

昆虫和鸟类是地球上生态系统的重要组成部分。目前已知的昆虫约100万种，是动物世界中种类最多的物种；它们群体庞大、形态各异、分布广泛，任何角落几乎都有它们的足迹。它们是鸟类、爬行动物和哺乳动物的重要食物，在植物授粉、动物尸体分解以及土壤处理等方面发挥着重要作用，是生态系统中不可或缺的一部分。鸟类在生态系统食物链中处于较高位置，它们捕食小型动物，也被其他掠食者捕食。它们是传粉者和种子散播者，在维护生态系统的平衡和稳定上发挥重要价值。它们抑制农业害虫的泛滥，保护农业生产，与人类生存息息相关，同时也为人类的发明创造提供了无限灵感。奇妙的昆虫王国和鸟类世界，为开展自然类研学课程提供了丰富的素材。

昆虫研学课程以完全变态发育的蝴蝶和不完全变态发育的螳螂为切入点，让学生了解它们的特征、习性和成长过程，感受小昆虫背后蕴含的"生命演化史"，再通过昆虫夜观课程，带领学生近距离识别、观察多种昆虫，感受神秘的黑夜和自然虫趣。鸟类研学课程以小天鹅、白鹭、领角鸮、星头啄木鸟、灰喜鹊为例，让学生了解不同鸟类的身体构造和生活习性差异，探究鸟类飞行奥秘，再以小天鹅为例，让学生了解候鸟的迁徙原因、迁徙路线、迁徙过程。通过蝴蝶—螳螂—鸟类构成的食物链，了解生态系统中各个物种之间的复杂关系，学习不同物种的生存智慧，引导学生尊重生命、热爱自然、保护自然。

（二）研学对象

主授对象： 四～六年级学生

学情分析： 四～六年级学生已具备一定的自然科学基础知识，对昆虫和鸟类有一定的认知，但这些认知多停留在表面特征、生活习性等层面，对昆虫生命周期、栖息环境及鸟类分类、迁徙规律等深层次的学习还不够。这个阶段的学生大多对昆虫和鸟类抱有浓厚的兴趣，有着天生的好奇心和探索欲望，但这种兴趣可能仅停留在观察和玩乐的层面，缺乏对生物多样性保护和可持续发展方面的认识，在实践操作和辨识能力上仍有提升空间。在研学课程中，教师需巧妙设置情境，引导学生亲近自然、探索自然，激发他们的内在学习动力。学生在实践操作方面的能力参差不齐，部分学生可能从未参与过昆虫手工制作、鸟类观察记录等实践活动，因此，在研学课程中需要重视实践环节的设计与指导，提升学生的实践操作能力。

（三）教学目标

🌲🌲 总体目标

1. 掌握杏花村湿地常见昆虫和鸟类的基本特征和生活习性，能够依据形态特征辨识常见的昆虫和鸟类，培养学生对自然环境的观察和感知能力；
2. 了解昆虫和鸟类在自然界中适应环境、应对挑战的生存智慧，分析这些生存智慧对人类科技、生活等领域的启示和借鉴意义；
3. 理解物种之间的依存关系及其在维护生态平衡中的作用，激发学生保护生物多样性的意识；
4. 探讨如何保护昆虫和鸟类，保护湿地生态环境，实现人与自然和谐共生；
5. 通过小组实践活动，提升学生动手操作能力和团队协作能力。

🌲🌲 涉及《指南》中的环境教育目标

环境意识： 欣赏自然的美；运用各种感官感知环境和身边的动植物。

环境知识： 列举各种生命形态的物质和能量需求及其对生存环境的适应方式。

环境态度： 尊重生物生存的权利；珍视生物多样性，尊重一切生命及其生存环境。

技能方法： 学会思考、倾听、讨论。

环境行动： 能够表达自己的环境保护的观点，并以宣传或劝说的方式影响他人做出行为改变。

🌲🌲 与《课标》的联系

小学科学： 热爱自然、珍爱生命，具有保护环境、节约资源、推动生态文明建设和可持续发展的责任感。简单描述生物与生物、生物与环境之间相互依存的关系，以及生物多样性和进化现象。

小学语文： 养成留心观察周围事物的习惯，有意识地丰富自己的见闻，珍视个人独特感受，积累习作素材。

小学思想道德与法治： 敬畏自然，保护环境，形成人与自然生命共同体的意识。

初中生物： 能够应用生命观念探讨和阐释生命现象及规律，认识生物界的多样性和统一性，认识生物界的发展变化，认识人与自然的关系等，初步形成科学的自然观和世界观。乐于探索自然界的奥秘，关注生物科学和生物技术的新进展及其对个人和社会发展的促进作用。

🌲🌲 核心素养

勇于探究、审美情趣、乐善乐学、勇于反思、珍爱生命、社会责任等。

（四）知识链接

1.关联学科

部编版四年级语文上册《蝴蝶的家》；

苏教版六年级语文下册《螳螂捕蝉》；

部编版三年级语文下册《昆虫备忘录》；

部编版五年级语文上册《鸟的天堂》；

苏教版四年级科学下册《探究昆虫的奥秘》；

教科版六年级科学上册《种类繁多的动物》；

部编版一年级道德与法治下册《可爱的动物》；

人教版八年级生物上册《鸟》；

人教版八年级生物下册《昆虫的生殖和发育》《鸟的生殖和发育》。

2.知识推荐

（1）纪录片

《野鸟世界》《大自然的翅膀》《微观世界》《昆虫王国》《异形昆虫：螳螂》。

（2）书籍

刘阳,陈水华.中国鸟类观察手册[M].长沙:湖南科学技术出版社,2021.

吴海龙,顾长明.安徽鸟类图志[M].芜湖:安徽师范大学出版社,2017.

吴海龙,赵凯,程东升.贵池鸟类图志[M].合肥:中国科学技术大学出版社,2019.

张巍巍,李元胜.中国昆虫生态大图鉴[M].2版.重庆:重庆大学出版社,2019.

亨利·法布尔.昆虫记[M].陈筱卿,译.北京:人民教育出版社,2017.

（五）课程特色

通过科学实验、创意手工、户外观察、生境地图等多元化教学方式，学生对昆虫和鸟类的特征及生活习性能够有更深刻的认知。

通过参加夜观活动，学生探究夜间活动的昆虫，能学会从不同角度观察自然，倾听自然的声音，感受自然界中万物的奇妙与美好，从而培养他们对自然的敬畏和热爱之情。

通过破茧成蝶、漫漫迁徙路、螳螂捕蝉等自然游戏，学生能够对昆虫的生命周期、鸟类艰辛的迁徙历程、物种之间的依存关系等有更深入的认识，从而理解生物多样性保护的重要性。

二、课程体系与行程安排

（一）课程体系

本主题的研学课程体系见图4-1。

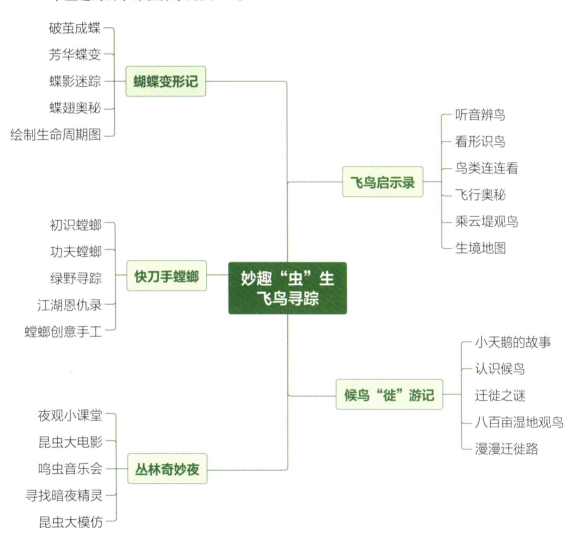

图4-1 "妙趣'虫'生 飞鸟寻踪"研学课程体系

（二）行程安排

"妙趣'虫'生 飞鸟寻踪"研学课程共计2天1夜，具体行程安排见表4-1。

表 4-1 研学行程安排

	时间	名称	研学地点	行程内容
第一天	8:30—9:00	开营仪式	可持续发展教育中心	1. 介绍课程内容； 2. 明确纪律与要求； 3. 破冰游戏。
	9:00—11:00	蝴蝶变形记	蝴蝶昆虫园	1. 破茧成蝶：游戏导入。 2. 芳华蝶变：介绍蝴蝶的生命周期，感受蝴蝶的生存智慧。 3. 蝶影迷踪：在花丛中寻找蝴蝶踪迹，讲解蝴蝶的特征和生活习性等知识。 4. 蝶翅奥秘：通过蝶翅变色实验和防水实验，了解蝶翅鳞片结构和变色原理及蝶翅的作用。 5. 利用彩笔、树叶等绘制生命周期图。
	14:00—16:30	快刀手螳螂	蝴蝶昆虫园	1. 初识螳螂，介绍螳螂的身体结构、生活习性、成长阶段； 2. 功夫螳螂，介绍螳螂的捕猎方式和伪装技能，学习传统武术螳螂拳； 3. 绿野寻踪，深入丛林观察螳螂技巧； 4. 江湖恩仇录，了解螳螂与其他生物之间的生态关系； 5. 利用自然材料，制作螳螂创意手工。
	19:00—21:00	丛林奇妙夜	裸子植物园、水生植物园等	1. 夜观小课堂，介绍夜观技巧、工具包使用方法； 2. 昆虫大电影，通过灯诱观察趋光性昆虫； 3. 鸣虫音乐会，感受奇妙自然之声； 4. 寻找暗夜精灵，借助工具包观察各种夜行生物； 5. 昆虫大模仿，回顾夜观昆虫特征。
第二天	08:00—10:30	飞鸟启示录	乘云堤	1. 听音辨鸟导入； 2. 通过看图识鸟了解鸟类身体结构特征； 3. 鸟类连连看，巩固知识； 4. 探究鸟类飞行奥秘； 5. 乘云堤观鸟； 6. 通过生境地图了解鸟类栖息地。
	14:00—16:00	候鸟"徙"游记	八百亩	1. 绘本《盼归栖——小天鹅的故事》导入； 2. 介绍候鸟的类型、候鸟与留鸟的区别等基础知识； 3. 讲解候鸟迁徙原因、迁徙时间、路线、如何迁徙、迁徙过程中的风险； 4. 八百亩观候鸟； 5. "漫漫迁徙路"游戏。
	16:00—16:30	闭营仪式	可持续发展教育中心	1. 回顾研学活动精彩瞬间； 2. 评选优秀团队，颁发奖品； 3. 学生代表分享交流； 4. 全员合影留念。

三、课程内容

"妙趣'虫'生 飞鸟寻踪"主题研学课程一共包括开营仪式、蝴蝶变形记、快刀手螳螂、丛林奇妙夜、飞鸟启示录、候鸟"徙"游记、闭营仪式7个阶段。

（一）开营仪式

1. 地点： 可持续发展教育中心。

2. 活动时长： 30分钟。

3. 内容： 教师介绍本次研学活动的主题、内容和行程安排，明确研学活动纪律、安全、学习等方面的要求；带领学生开展"破冰游戏"，构建合作互助的良好氛围，引导学生尽快投入即将开展的研学活动。

（二）课程单元

课程一 蝴蝶变形记

【知识准备】

蝴蝶是昆虫纲鳞翅目锤角亚目动物的统称，全世界已记载近2万种。据《中国蝶类志》记载，我国共有12科1227种蝴蝶；2021年《杏花村旅游文化区基线调查报告》统计显示，杏花村共有9科57种蝴蝶，包括玉带凤蝶、蓝凤蝶、青凤蝶、菜粉蝶、黛眼蝶、箭环蝶等。

🌲🌲 蝴蝶的基本特征

蝴蝶大多数属于中型至大型体形，身体分为头、胸、腹3部分，1对复眼，2对翅，3对足，虹吸式口器；触角为棒形，触角端部各节粗壮；体和翅被扁平的鳞状毛覆盖，形成各种色彩斑纹；腹部瘦长，翅宽大，停歇时翅竖立于背上。蝶类成虫主要以花蜜、树汁或腐败液体为食，而大多数种类的幼虫以植物为食。

🌲🌲 蝶类与蛾类的区别

昆虫纲鳞翅目包括蛾、蝶两类昆虫，其主要区别见表4-2和图4-2。

表4-2 蝶类与蛾类的区别

特征	蝶类	蛾类
触角	末端膨大成棒状	线状、羽状（末端不膨大）
翅的连锁方式	翅抱型（无翅僵和翅僵钩）	翅僵和翅僵钩
翅休止状态	直立于身体背面	屋脊状或平放身体背面
活动时间	白天	夜晚
蛹	常无茧	结茧

注：表中列出的各项特征均不能单独使用，任何特征对蝶类与蛾类来说都有例外，因而需要综合考虑。表4-2引自中国科普博览《蝶蛾（鳞翅目）的主要识别特征》（2021-05-07）[2024-05-19]. http://www.kepu.net.cn/gb/lives/insect/lepidopter/lpdllol.html。

图4-2 蝶类（左）和蛾类（右）对比

🌲🌲 蝴蝶的生命周期

从发育过程看，蝴蝶属于完全变态发育的昆虫，一生会经历4个阶段：卵、幼虫、蛹、成虫。本课程以玉带凤蝶为例，了解蝴蝶的成长过程（图4-3）。

玉带凤蝶是鳞翅目凤蝶科凤蝶属昆虫，体翅黑色，雌雄异型，雌蝶有多种形态，斑纹变化很大，雄蝶后翅有横向的白斑

图4-3 玉带凤蝶的生命周期

列。玉带凤蝶栖息于柑橘果园、公园、绿地、林地、农田等环境。

卵：玉带凤蝶的卵呈球形，直径1mm左右，初期为淡黄色，后逐渐变深至紫黑色，幼虫以芸香科植物为食，因而成虫产卵时通常会把卵产在芸香科植物的叶片上，以保证幼虫孵化后有充足的食物。

幼虫：卵孵化产生幼虫后，幼虫在成长过程中需要大量进食植物叶片。低龄

幼虫体色呈黄褐色，并点缀着黄白色斑带，呈鸟粪状，这种拟态使其能够在环境中完美隐藏，以躲避天敌的捕食。鸟粪状的幼虫经历多次蜕皮，成长至末龄阶段，颜色从原先的黑白色转变为黄绿色，头部两侧出现两个假眼状斑纹，臭腺会变得细长而突出，当幼虫遇到危险时，它们会抬起头部，从头顶处露出细长的"Y"形臭腺，拟态成一条吐信子的小蛇，以此警告并恐吓敌人。

蛹： 幼虫在成熟后会寻找一个适宜的场所，进入蛹化阶段，蛹会进入一段休眠期。在此期间，蛹的内部发生着剧烈的变化，成虫的器官逐渐形成。

成虫： 蛹成熟后，羽化的成虫会从蛹中钻出，开始新的生命旅程。刚开始，它的翅膀湿润柔软、皱成一团，片刻后，翅膀会慢慢舒展并变硬，待全部展开后，它就可以自由飞行了。

🌲 蝴蝶翅膀

蝴蝶是一种具有极高观赏价值的昆虫，蝴蝶的翅膀不仅色彩斑斓、图案独特，而且功能各异。一些蝴蝶的翅膀具有警告色，其鲜艳夺目的色彩和复杂多变的图案可以迷惑或恐吓天敌，还有一些蝴蝶则通过拟态成树叶、树枝或其他自然环境元素，以躲避天敌的捕食。

蝴蝶翅膀由2层薄膜组成，薄膜上覆盖着许多微小的鳞片，五彩斑斓的颜色主要源于这些鳞片，分为色素色和结构色。色素色是物质对光吸收或反射后直观呈现出的颜色。鳞片内部含有色素，会吸收一部分光波而反射其他的光波，使蝴蝶翅膀呈现出固定的色彩。结构色具有彩虹光泽，会随着视角不同呈现出不同色彩。鳞片表面具有排列很整齐的纳米级光栅结构，使光发生散射、衍射或干涉作用，增强特定波长的光，从而产生特殊的颜色。

此外，蝴蝶翅膀鳞片还有很多其他功能。有序排列的鳞片犹如精巧的温控装置，能够通过鳞片闭合、张开吸收和散发热量，帮助蝴蝶维持稳定的体温。部分雄蝶的鳞片能散发特殊气味，在求偶季节里会释放独特的信号吸引雌蝶。鳞片紧密排列的结构还具有一定疏水功能，确保蝴蝶在下小雨时也能正常飞行。鳞片也是蝴蝶对付蛛丝的有力武器，当蝴蝶撞上蛛网时，蝴蝶翅膀上的鳞片就会大量脱落，避免被蛛丝上的黏液困住。

🌲 蝴蝶效应

美国气象学家爱德华·洛伦兹（Edward N. Lorenz）于1963年在一篇论文中分

析了蝴蝶效应。一只南美洲亚马孙河流域热带雨林中的蝴蝶偶尔扇动几下翅膀，可以在2周以后引起美国得克萨斯州的一场龙卷风。其原因是蝴蝶扇动翅膀的运动导致其身边空气系统发生变化，并产生微弱气流，而微弱气流的产生又会引起四周空气或其他系统产生相应的变化，由此引起连锁反应，最终导致其他系统的极大变化，这被称为混沌学。"蝴蝶效应"说明事物在发展过程中其发展轨迹有规律可循，同时也存在不可测的"变数"，一个微小的变化就能影响事物的发展，这证实了事物的发展具有复杂性。

【课程目标】

了解蝴蝶的生命周期、身体结构和蝶翅的奥秘；开展观察和实验研究，引导学生感受蝴蝶的神奇与魅力，培养学生热爱生命、热爱大自然的情怀。

【研学地点】

蝴蝶昆虫园。

【活动时长】

120分钟。

【辅助教具】

蝴蝶标本、绘本《生命的故事》、蝶翅、滴管、酒精、水杯、卡纸、彩笔等。

【教学流程】

1. 导入（10分钟）

以"破茧成蝶"游戏导入，激发学生对蝴蝶的兴趣。

游戏规则：蝴蝶的一生经历了卵、幼虫、蛹、成虫4个阶段，成长过程中只有不断地竞争食物和资源才能最终破茧成蝶。每位学生都是蝴蝶的卵，通过"反应力"小游戏挑战竞争者，获胜者进入下一个成长阶段，最终华丽变身成蝴蝶。

"反应力"小游戏：学生两两一组，教师发布反向指令，如举右手、抬左腿、黄色树叶，则举左手、抬右腿、拿起绿色树叶的学生获胜。

2.构建（30分钟）

【芳华蝶变】

《梁山伯与祝英台》是我国古代四大民间传说之一，故事中的主人公最后化成美丽的蝴蝶双宿双飞，课程以梁祝化蝶的故事引发学生兴趣。通过观察蝴蝶标本，了解蝴蝶的身体结构特征和生活习性。以玉带凤蝶为例，认识蝴蝶从卵、幼虫、蛹到成虫的完全变态发育过程，熟悉每个阶段的生理特点和蜕变过程，探究蝴蝶在成长过程中，蝴蝶幼虫和成虫如何通过拟态、颜色、气味等方式躲避天敌、保护自己，感受蝴蝶的生存智慧。

对于低年级儿童，蝴蝶的生命周期可结合绘本《生命的故事》系列书第二辑《诞生了！凤蝶》进行讲解。

3.实践（60分钟）

【蝶影迷踪】

教师讲解蝴蝶观察技巧，在教师的带领下，学生在杏花村湿地找寻蝴蝶卵、幼虫、蛹、成虫的踪迹。通过实地观察，了解杏花村有哪些类别的蝴蝶、为什么杏花村蝴蝶数量如此之多。结合观察到的蝴蝶，讲解蝴蝶的特征和生活习性、蝴蝶与飞蛾的区别、蝴蝶的天敌、蝴蝶在生态系统中的作用。

【蝶翅奥秘】

蝴蝶的翅膀为什么在阳光下闪闪发光？蝴蝶为什么要拥有如此多彩和变幻的翅膀？教师通过蝶翅变色实验和相关视频，带领学生探究蝴蝶翅膀的鳞片结构和变色的秘密，了解结构色和色素色、警戒色和保护色，探究蝴蝶翅膀具有的伪装、警示威慑、吸引异性、识别同种、调节温度等功能，学习蝴蝶翅膀精妙的设计和蝴蝶的生存智慧。

蝶翅变色实验：使用蓝色闪蝶标本，在蓝色翅膀上喷洒酒精，原本蓝色的翅膀变成了绿色，酒精挥发后又恢复成蓝色，从而介绍蝴蝶翅膀结构色的光学原理。蝴蝶翅膀上的结构性色彩是一种非常奇妙而美丽的光学现象，讲解时可延伸至诸如彩虹、肥皂泡、孔雀羽毛等自然界中广泛存在的结构色表现。

蝶翅防水实验：取两片相同的蝴蝶翅膀，抹去其中一片翅膀的鳞片，另一片保持完好，用试管分别在两片翅膀上滴几滴水，观察两者有哪些差别。结果显示，滴在完好翅膀上的水滴可轻易滚落，而抹去鳞片的翅膀则容易粘住水滴，进而讲解蝴蝶翅膀鳞片的疏水功能。

引导学生思考蝴蝶翅膀的功能对人类的意义，教师讲解人类对蝴蝶翅膀色彩原理和防水温控功能的仿生学运用，如光学隐形服、光学增强显示器、光学传感器、人造卫星的控温系统、新型纳米涂层等。

【绘制生命周期图】

教师提供卡纸、彩笔等材料，学生再结合户外寻找的各种颜色和形状的树叶、树枝等自然元素，绘制蝴蝶生命周期图，进一步加深对蝴蝶的认知。

4.分享（10分钟）

学生分享自己制作的蝴蝶生命周期图，讲解对蝴蝶各阶段身体特征和生存技能的认知。

请学生思考并分享为什么城市中的蝴蝶越来越少，如何保护城市中蝴蝶的栖息环境。

请学生分享什么是"蝴蝶效应"，让他们明白在保护自然生物多样性的过程中，每个人微小的行为也可能带来自然界巨大的变化。

5.总结（10分钟）

总结蝴蝶的身体特征、生命周期和蝴蝶的生活习性。

总结蝴蝶翅膀的鳞片结构和变色的原因、蝴蝶翅膀的作用和对人类的启示。

鼓励学生多注意观察自然界中的各种小生命。

课程二 快刀手螳螂

【知识准备】

螳螂是螳螂目的肉食性昆虫的通称，世界已知近3000种螳螂，分布于热带、亚热带和温带的大部分地区。我国已记载约160种，如中华刀螳、广斧螳（图4-4）、棕静螳、狭翅大刀螳、冕花螳、中南拟睫螳等。

图4-4 广斧螳

🌲🌲 螳螂的身体构造

螳螂在昆虫中体形偏大，一般较扁平，少数种类呈棒状，身体呈流线型，以绿色、褐色为主，也有花斑的种类。螳螂的头部呈三角形或近五边形，头部灵活、旋转度大；口器及复眼发达，上颚强劲；触角呈明显的丝状或念珠状，分节较多；螳螂的标志性特征是有两把"大刀"（前肢）。主要身体构造有以下特征。

（1）**复眼**：螳螂有着非常敏锐的视力，具备3个单眼和1对复眼。单眼仅有感光作用，不能成像。复眼由成千上万的小眼密集组成，视野范围广，且能很好地测定猎物的距离，精准定位高速飞行的小虫。螳螂的复眼还具备夜视功能，能够适应各种光照环境进行捕食。

（2）**口器**：螳螂的口器为咀嚼式，十分强劲有力，在猎捕中能轻松将猎物撕成碎片。

（3）**脖子**：螳螂的脖子柔软且富有弹性，能够轻松转动。在捕猎过程中，螳螂常常仅靠扭转头部就能精准地盯住猎物，而无需移动身体。

（4）**前胸**：螳螂的前胸较长，有助于拉长捕捉足和腹部之间的距离，避免在捕猎中因身体部位的活动而损伤腹部。螳螂的腹部包含着重要脏器，是其防护的薄弱部位。

（5）**捕捉足**：螳螂的前肢分为基、转、股、胫、跗5个部分，犹如两把"Z"字形大折刀，前端股节、胫节分布着密集尖刺和超长的弯刺，一旦闭合就能够将猎物牢牢卡住。长长的基节在捕猎过程中调节猎物与头部的距离，防止因猎物反抗可能带来的威胁。

（6）**行走足**：螳螂的中足和后足细长有力，善于行走，虽不具备蝗虫、蟋蟀那样强大的跳跃能力，但富有韧性、十分灵活，能够在行动中做出大范围的转动和潜行。

（7）**翅膀**：成虫阶段的螳螂有2对翅膀，若虫没有。前翅为覆翅结构，前缘具齿、刺、纤毛或光滑的边缘，后翅则是膜质结构，飞翔能力相对较弱。当螳螂发怒或受到威胁，螳螂会高高站起，耸立其身体，展开镰刀状前肢和翅膀以恐吓对方，翅膀上的独特花纹也可以起到警告、迷惑敌人的效果。

🌲🌲 螳螂的生命周期

从发育角度看，螳螂属于不完全变态昆虫，其生命周期依次经历卵、若虫、成虫3个阶段，中间通过蜕皮来实现成长（图4-5）。与蝴蝶等完全变态昆虫不同，它没有蛹的阶段，若虫和成虫在结构上相差不大。

（1）**卵**：螳螂雌虫会选择树干、墙壁、篱笆或石缝等地方产卵。初产的卵鞘较为柔软，经几个小时后逐渐凝固变硬，呈土黄色、黄褐色或黑褐色，每个卵鞘有几十至数百个不等的卵。各种螳螂均以卵鞘保护卵细胞度过寒冬，次年初夏，越冬卵开始孵化，故有"仲夏螳螂生"的说法。

卵

若虫　　成虫

图4-5　中华刀螳的生命周期

（2）**若虫**：卵在卵鞘内经胚胎发育，最终挣脱卵膜孵化出若虫。若虫借助第十腹板上分泌的胶质细丝，将卵壳及虫体粘连悬挂起来。早孵化的个体会借助微风荡漾，用足抓住周围物体各奔东西，避免互相残食。若虫与成虫形态相似，但无成熟的翅，若虫在4~5龄可见翅芽，当末龄完成后，长出具有飞翔作用的两对翅膀。若虫每天猎食，经历6~8次蜕皮后进入成虫期。每次蜕皮不仅能使螳螂的体形增大，还能一定程度上帮助螳螂重新长出断肢。

（3）**成虫**：每年7—10月是螳螂的成虫期，雄性成虫成熟期通常比雌性早10余天。羽化为成虫10~15天后，雌雄螳螂就可进行交配。在交配前期，螳螂的食量会达到最高峰。

🌲🌲 螳螂的捕食方式

螳螂成虫与若虫均为肉食性，它们主要捕食蝇、蚊、蝗虫、蛾、蝶、蟋蟀、蝉、螽斯等昆虫。螳螂捕猎主要采取伏击方式等待猎物出现，这种狩猎方式需要有极大的耐心。猎物在视野范围内但超出攻击范围时，螳螂会小心翼翼地潜行过去，身体晃动着，仿佛随风摇曳的一片树叶。它们利用灵活的头部，紧紧盯住猎物，随时发动攻击。一旦猎物进入攻击范围，螳螂便会展示出惊人的瞬间爆发力，四条行走足用力一蹬，迅速将身体弹射出去，同时打开两把大折刀将猎物卡住。

🌲🌲 螳螂为何"弑夫"

长久以来，一直流传着这样一个凄美的爱情故事：螳螂丈夫在新婚之夜甘愿牺牲自己让它的妻子吃掉，从而保证妻子拥有足够的营养，能够顺利产下自己的后代。事实上，雌螳螂吃掉雄螳螂并非产卵繁殖必需的环节，之所以有这样的误解，是因为螳螂在食物不足、空间有限时容易互相残杀，体形较大的捕食小个体的现象很常见。几乎所有种类的螳螂中，雄性的个头都要小于雌性，所以在完成繁殖任务后，雄螳螂自然是饥饿的雌螳螂身边最容易获取的高能量食物。

🌲🌲 螳螂的拟态

大多数螳螂不但具有保护色，并且其体形像树叶、细枝、地衣、鲜花或蚂蚁，如广缘螳、宽胸菱背螳、梅氏伪箭螳、中南拟睫螳、冕花螳等。螳螂依靠拟态不但可以躲过天敌，而且在接近或等候猎物时不易被发觉。

🌲🌲 操控螳螂的寄生虫——铁线虫

铁线虫主要寄生在螳螂、蟋蟀、蚱蜢、蝗虫等体内，也可寄生在鱼类、螺类、蜘蛛等动物体内。铁线虫成虫将卵产在水中，螳螂通过饮水或捕食了被寄生的其他昆虫而摄入铁线虫。铁线虫寄生在螳螂体内，吸收其体内的营养，影响其性腺发育和繁殖能力。成虫发育至成熟后需回到水中交配产卵，通过诱导螳螂靠近水边，成虫从螳螂体内钻出进入河水中生活，如此世代循环。

【课程目标】

掌握螳螂身体结构特征和伏击捕食、同类相食、拟态行为等生活习性，了解螳螂与其他物种之间相互作用的复杂关系。通过观察和探究，提高学生思考和动手操作能力，培养学生亲近自然、保护自然、与自然和谐相处的意识。

【研学地点】

蝴蝶昆虫园。

【活动时长】

150分钟。

【辅助教具】

螳螂图片、标本、模型、螳螂手工材料包（或折纸、螳螂立体拼图）、动画片、纪录片等。

【教学流程】

1.导入（5分钟）

向学生展示科幻电影中的外来物种的图片，这些外来物种大多长着三角脑袋，有着大而突出的眼睛，晃动着长而尖的前臂，具有非凡超能力。调动学生积极思考探讨：这些外来物种的创作灵感来源于大自然中的哪个物种？最终揭晓答案，引出课程主题——"螳螂"。

2.构建（25分钟）

【初识螳螂】

教师借助图片、标本等工具介绍螳螂的种类和分布、生活环境，螳螂的镰刀状前肢、咀嚼式口器、视觉系统、灵活的头部等身体结构特征，以及螳螂从卵、若虫到成虫的不完全变态发育过程。

通过动画片《黑猫警长之吃丈夫的螳螂》引发思考：雌螳螂在交配后吃掉雄螳螂是真的吗？为什么雌螳螂要吃掉自己的丈夫呢？介绍螳螂同类相食的现象。

【功夫螳螂】

螳螂为肉食性昆虫，具有出色的捕食技巧和攻击能力。观看中央电视台纪录片《自然传奇》"异形杀手——螳螂"中的螳螂捕食视频，教师向学生介绍螳螂的伏击捕食方式，讲解螳螂的生存智慧。

由模仿螳螂动作演变而来的螳螂拳为我国国家级非物质文化遗产，具有刚柔并济、勇猛快速、变幻莫测等特点。教师向学生介绍螳螂拳的由来、发展和特点，带领学生进行简单的拳法练习，感受我国传统功夫的魅力。

教师准备若干张隐藏着各种拟态螳螂的图片，开展游戏"猜猜我在哪"，让学生了解螳螂惊人的伪装能力，如螳螂体色可根据周围环境发生变化，冕花螳、中南拟睫螳、广缘螳可以拟态成花朵、树叶、树皮等，了解螳螂的生存之道，提升观察力和判断力，激发学生探索螳螂生存智慧的兴趣。

请学生思考：除螳螂和蝴蝶外，还有哪些动物也会利用保护色伪装自己？人类是如何学习自然界利用保护色伪装自己的？

3.实践（100分钟）

【绿野寻踪】

教师讲解户外寻找螳螂的技巧，带领学生在草丛寻找螳螂的踪迹。学生分组观察螳螂特点和生活习性、观察螳螂的伪装技能和捕食过程。

【江湖恩仇录】

螳螂虽被称为自然界的顶级猎手，但也具有众多天敌，如蜘蛛、鸟类、蚂蚁、蜥蜴、蛇、青蛙、铁线虫等。教师提出问题引发学生思考：螳螂为什么喜欢跳水？铁线虫是如何操纵螳螂跳河"自杀"的？带领学生了解螳螂与铁线虫之间的寄生关系。

通过开展自然游戏"螳螂捕蝉，黄雀在后"，让学生了解生态系统中的食物链知识，学习自然界中生物与生物之间彼此相互作用形成的共生、寄生、捕食、竞争等复杂关系。以螳螂为例，介绍自然界中的物种在生态系统中的作用，让学生理解生物多样性、保护生态平衡的重要性。

游戏规则：全体成员分为3组，每组人数一致。各组派出一位成员参加每一轮游戏，1组的成员追2组的成员，2组的成员追3组的成员，3组的成员追1组的成员（每位成员在追人的同时，又要想办法不被其他人捉住）。假如3组中有一位成员被捉住了，则这一轮游戏结束。每轮获胜的成员所在组获得1积分，被捉住的成员所在组扣1积分，最后计算每组总积分，分多为胜。

【螳螂创意手工】

学生以小组形式在户外收集各种形状的树枝、落叶。教师提醒学生不要破坏自然，也可向学生提供自然创意手作材料包，让学生合理利用自然废弃物，发挥创造力和想象力，动手制作螳螂自然手工作品。

若时间或材料有限，可用螳螂折纸或螳螂立体拼图的方式代替。

4.分享（15分钟）

学生展示所做的螳螂手工作品，分享在制作过程中对螳螂的身体结构及螳螂生存技能的认知。

教师结合自然界生物之间的生态链，启发学生说出人类在生态系统中扮演着什么角色，引导学生思考人类该如何与自然相处。

5.总结（5分钟）

总结螳螂的身体结构、生命周期和生存技能。

总结螳螂在自然界生态系统中的作用，启发学生敬畏生命、保护生态平衡的意识。

课程三 丛林奇妙夜

【知识准备】

夜观是学生认识大自然的一种重要方式，黑暗中的自然元素和声音更容易被觉察和感受，夜晚视线也可以更加聚焦。此外，有些动物只在晚上出没，想要探索完整的生态物种和它们的生活习性，夜观不可或缺。杏花村夜观常见动物类型有以下类型。

🌲 萤火虫

鞘翅目萤科昆虫。身形扁平细长，头部有1对触角和2只复眼。通常雄虫腹部有2节发光器，雌虫只有1节。雄虫复眼更大，方便在黑暗中寻找雌虫。萤火虫的发光机制源于腹部独特的发光细胞，主要由荧光素和荧光素酶构成，当萤火虫呼吸时，氧气进入发光细胞，荧光素在催化作用下，发生一连串复杂的生化反应，产生光能。常见萤火虫的光色为绿色、黄色、橙色。萤火虫发光有着求偶、警戒等作用。萤火虫常栖息在温暖、潮湿、多水的杂草丛、河沟边及芦苇地带。

🌲 蟋蟀

直翅目蟋蟀科昆虫，俗名蛐蛐、夜鸣虫、将军虫等。蟋蟀拥有咀嚼式口器，大颚发达，善于咬斗，常栖息于地表、砖石下、土穴中、草丛间，主要在夜间活动，杂食性，吃各种农作物、树苗等。蟋蟀中只有雄虫会发出鸣叫声，雄虫利用翅膀发声，其右翅有短刺，左翅有硬棘，左右两翅一张一合，相互摩擦振动发出声音。蟋蟀鸣声不同的音调、频率能表达不同的含义，夜晚蟋蟀响亮而长节奏的鸣声，既是向同性宣示领地，又可向异性求偶。

🌲🌲 蝉

半翅目蝉科昆虫，俗称知了。蝉有2对膜翅和突出的复眼，以针样中空的嘴吸植物汁液为食。蝉交配前会发出求偶鸣叫，卵产在木质组织内，若虫一孵出即钻入地下，在土壤中度过大部分时间，通过吸食植物根部的汁液来获取营养。若虫阶段结束后，蝉会爬到地面上，蜕去外壳，变成翅膀完全展开的成虫。同蟋蟀相同，雌蝉不能发声，只有雄蝉才能鸣叫。雄蝉鼓膜发音器在腹肌部，正常状态下鼓膜突向外，鼓膜肌收缩时，牵引鼓膜突向内，振动鼓室空气，产生声音。

🌲🌲 螽斯

直翅目螽斯科昆虫。触角较细长，着生于复眼之间，前翅和后翅发达或退化。雄虫前翅具有发声器，在左覆翅的臀区有一略呈圆形的发音锉，锉周缘围以较强而弯曲的翅脉，中间横贯一条加粗的翅脉作为音锉，音锉上有许多小齿，右覆翅上具有边缘硬化的刮器，音锉与刮器相互摩擦，即可发出声音。其鸣声用于吸引异性、呼唤同性、惊吓敌人。雌虫无法发声，但雌性有听器，可以听到雄虫的呼唤。

🌲🌲 蝽

半翅目异翅亚目昆虫，又名蝽象，俗称放屁虫、臭板虫、臭大姐等，体形差异很大，有的细如长棍，有的浑圆如球，有的扁薄呈片状，前胸背板发达，中胸有发达的小盾片。前翅基半部革质或角质，称为半鞘翅，一般分为革区、爪区和膜区3部分。很多种类胸部腹面具有臭腺，会分泌刺激性气味，故有放屁虫等俗名。绝大部分蝽类吸食植物的汁液，还有一些捕食其他的昆虫。

🌲🌲 蜘蛛

节肢动物门蛛形纲蜘蛛目所有种的通称，分布广泛。身体分头胸部和腹部，两部分由细长的腹柄相连；头前部长有1对螯肢，螯肢末端是有毒腺导管的毒牙；在胸部两侧还有4对足，足尖处长有坚硬的爪。蜘蛛的腹部一般有3对突起，被称为纺织器，上面有许多纺织管，可以与体内的丝腺相通。这些丝腺喷出后遇到空气会凝结成黏性的丝，形成蜘蛛网。

【课程目标】

带领学生走进夜间的大自然，观察夜间昆虫形态特征和生活习性，学习夜间观察技巧，激发学生探索自然的兴趣，提高感知周围环境的敏感度。

【研学地点】

裸子植物园、水生植物园等。

【活动时长】

120分钟。

【辅助教具】

高压汞灯、幕布、支架、鸣虫音频、各种夜行生物图片、放大镜、手电筒、头灯、手套、驱蚊水（注意不要在户外使用驱蚊喷雾）、酒精喷雾、不同尺寸的密封透明试管、直尺等。

【教学流程】

1. 导入（5分钟）

介绍夜观活动目的、活动范围和路线，讲解夜观安全注意事项。

2. 构建（10分钟）

开展夜观小课堂。教师通过PPT和视频等资料讲解夜观常见的昆虫和其他类型的动物及夜观技巧（如何在观察的同时减少对生物的干扰），并详细介绍本次夜观工具包的使用方法。

3. 实践（90分钟）

【昆虫大电影】

教师将高压汞灯悬挂在离地面1.5米左右的位置，在灯下方支起一张白色幕布，利用夜间昆虫的趋光性进行灯光诱虫，观察"大荧幕上"昆虫的形态、行为、数量、活动路线等，并做好记录。观察结束后关闭灯光，让昆虫重回黑夜。

注意：除灯诱外，夜观活动中应避免使用高压汞灯，推荐使用发出红色灯光的头灯，尽可能减少对生物的干扰。

【鸣虫音乐会】

学生在草地上围成一圈，教师引导学生闭上眼睛仔细聆听细微又奇妙的自然之声，并依次说出自己听到了几种声音和哪些昆虫的声音。教师带领学生跟随着声音寻找各类鸣虫，如蟋蟀、螽斯、蝉等，了解各种鸣虫的发声原理和叫声的作用（召唤、求偶、争斗等），学习如何通过鸣声的时域和频率差异辨别常见鸣虫。

【寻找暗夜精灵】

教师带领学生走进丛林，引导大家利用五感，观察和探究活跃在夜幕下的其他黑夜小精灵，如飞舞的萤火虫、结网捕食的蜘蛛、墙壁上的壁虎、石板上的马陆、田间的青蛙、树干上的鼻涕虫和蜗牛、灌木丛中的刺猬等，教师讲解每个物种的行为习性和生存策略。在确认安全的情况下，教师可鼓励学生与这些小生命亲密接触，如感受毛毛虫在手心缓缓爬行，摸一摸小蜗牛坚硬的外壳，通过互动体验激发学生的探究热情。

【昆虫大模仿】

学生以小组形式，用肢体语言或声音模拟夜间观察到的昆虫形态和鸣叫声，由其他组同学进行猜测。教师也可借助图片和鸣虫音频提问，学生进行抢答，从而形成对夜观生物更深刻的认知和理解。

4. 分享（10分钟）

讲述自己的观察、体验和记录过程，分享认识大自然中各种小生命的收获与感受。

5. 总结（5分钟）

教师回顾夜观活动的精彩瞬间，总结观察到的各种昆虫知识。

带领学生重新认识黑夜，启发学生如何与大自然中的各种生物和谐共生，鼓励学生关注细微、主动探究。

课程四 飞鸟启示录

【知识准备】

鸟类进化

根据考证，鸟类是从恐龙中的一支兽脚类演化而来的。在侏罗纪中期，一些兽脚类恐龙开始长出羽毛，最初可能是为了保暖或者吸引配偶，后来逐渐发展成为飞羽，用于辅助跳跃或者滑翔。在白垩纪早期，出现了第一种真正的鸟类——始祖鸟，它有着发达的飞羽和翅膀，能够自主飞行。从始祖鸟开始，鸟类出现并逐渐分化出多种形态和功能，以适应不同的环境和食物。

鸟的类型

鸟是脊椎动物亚门的一纲，是所有鸟类动物的统称。根据栖息地类型和形态特征，可将鸟分为六大生态类群，分别是：游禽、涉禽、猛禽、陆禽、攀禽、鸣禽。

（1）**游禽**：包括企鹅总目、潜鸟目、雁形目、鸥形目等，常在水中游泳生活，腿短趾间具蹼，嘴扁平而阔或长而尖；不善行走，但适于游泳、潜水。在杏花村湿地常见的游禽有：绿头鸭、小天鹅、普通鸬鹚、鸿雁等。

（2）**涉禽**：包括鹤形目、鹳形目、红鹳目和鸻形目等，适应于在浅水或岸边栖息生活，最主要特征是"三长"——嘴长、颈长、脚长，适于涉水行走，不适合游泳；大部分是从水底、污泥中或地面获得食物。在杏花村湿地常见的涉禽有：白鹭、东方白鹳、苍鹭、黑翅长脚鹬等。

（3）**猛禽**：包括鹰形目、隼形目和鸮形目，这一类群的鸟类性情凶猛，体形

| 绿头鸭 | 苍鹭 | 赤腹鹰 |

注：本章课程四、课程五知识准备和任务单中所有鸟类图片均来自汪湜、何平飞羽摄影。

较大，嘴强大而呈钩状，善飞，脚强而有力，趾端具锐利钩爪，有敏锐的视觉和较大的翅膀；肉食性，主要以其他鸟类和鼠、兔、蛇等各种小型陆栖脊椎和无脊椎动物为食，少数种类捕食鱼类。在杏花村湿地常见的猛禽有：赤腹鹰、普通鹭、领角鸮、红隼等。

（4）**陆禽**：包括鸡形目和鸽形目，陆栖性鸟类，体格结实，嘴坚硬，脚强而有力，适于挖土，多在地面活动觅食；主要以植物的叶子、果实及种子等为食。在杏花村湿地常见的陆禽有：白鹇、灰胸竹鸡、珠颈斑鸠、山斑鸠等。

（5）**攀禽**：包括鹦形目、鹃形目、夜鹰目、佛法僧目、啄木鸟目等，脚为对趾型，两个向前、两个向后，或三趾向前、一趾向后，适于抓住树枝；善于攀缘，不善步行，很少在地面活动，多营巢于树洞中。在杏花村湿地常见的攀禽有：大杜鹃、普通翠鸟、星头啄木鸟等。

（6）**鸣禽**：特指雀形目鸟类，这类鸟具有特殊的发声器官，鸣管和鸣肌特别发达，一般体形较小、体态轻捷、巧于筑巢；多数种类树栖生活，少数种类为地栖。在杏花村湿地常见的鸣禽有：喜鹊、八哥、乌鸫、白头鹎、棕背伯劳等。

白鹇　　　　　大杜鹃　　　　　八哥

🌲🌲 鸟类飞行奥秘

鸟类的飞行能力与它们巧妙的身体构造紧密相关。鸟类拥有流线型的身体，翅膀上覆盖着密集的飞羽，通过改变翅膀的角度和形状，可以调节飞行的速度和方向，尾部用于平衡和稳定；鸟类全身骨骼薄而且中空，且大肠很短，不存储粪便，有利于减轻体重；由于飞行需要消耗大量的氧气，鸟类肺部有多个气囊连接，独特的"双重呼吸"模式使气体交换效率更高，强大的心脏能为身体各处提供更多的氧气和营养物质；鸟类食量很大，具有强大的消化系统，更容易吸收营养物质；鸟类具备强大的视觉、嗅觉和方向辨别能力，有利于在高速飞行时应对复杂的环境变化。

🌲🌲 鸟类的常见行为

（1）**觅食**：大部分鸟类在白天觅食、夜晚休息。鸟类按食性差异可分为食谷鸟、食虫鸟、杂食鸟、食肉鸟等类型。鸟类没有牙齿，无法咀嚼，通常将食物直接吞下，一些鸟类如猛禽会用利爪和钩嘴撕裂猎物分块进食。还有一些鸟类会吞食沙或碎石，用于碾磨食物。一些鸟类会将无法消化的部分如骨头、果壳、昆虫外壳等以食团的形式吐出。

（2）**求偶**：多数鸟类是一雌一雄，一部分为一雄多雌，而少数为一雌多雄。在交配前或交配期，雄鸟表现出各种鸣叫和动作，以吸引雌性，包括鸣叫、展示羽毛、身体接触、特殊动作（如舞蹈、喂食）等。

（3）**筑巢**：鸟类筑巢是为了产卵、孵化和亲鸟育雏。巢有保温和保护卵、雏鸟免受恶劣环境及天敌侵袭的功能。巢的大小、位置、材料有很大差异，鸟类筑巢的地点包括树杈、树洞、土壤洞穴、岩石裂缝、地面、屋檐、水面等。最常见的鸟巢呈盘状或杯状，一般由草、树枝、羽毛、泥土、蜘蛛网等制作而成。

🌲🌲 杏花村湿地常见鸟类

1. 灰喜鹊

雀形目鸦科鸟类，体长33~40厘米的鸣禽，安徽省省鸟。成鸟头顶、头侧和后颈黑色，上体暗灰色；尾长，青蓝色，中央2枚尾羽最长，且具宽阔的白色端斑；翼上覆羽和飞羽外侧多青蓝色，飞羽内侧暗褐色。栖息于山地、丘陵、平原地区的林地、农田及市区。杂食性，主要以昆虫为食，兼食部分植物果实和种子，筑巢于乔木上。

灰喜鹊

2. 白鹭（小白鹭）

俗称小白鹭，鹳形目鹭科鸟类，中型涉禽。白鹭属共有13种鸟类，有大白鹭、中白鹭、小白鹭（白鹭）、黄嘴白鹭和雪鹭等，体羽皆全白色，通称白鹭（表4-3）。小白鹭体形中等，具有黄色趾，繁殖期眼先粉红色，头

小白鹭

部具有2根辫状饰羽,背部和胸部具有蓑羽;非繁殖期眼先黄绿色,所有饰羽均消失,雌雄无明显差异。栖息于湖泊、水塘、河口等水域,常集小群活动于浅水或河滩,筑巢于乔木上。主要以小鱼、虾、蛙、昆虫等为食,也食少量植物种子,其长嘴、长颈和长腿对于捕食水中的动物具有显著优势。

表4-3 大白鹭和小白鹭的区别

名称	小白鹭(白鹭)	大白鹭
体型	体长45～65厘米	体长80～100厘米
脚趾	胫与跗跖为黑色,但趾呈黄色	胫、跗跖、趾均为全黑色
喙	全黑色	繁殖期为全黑色,非繁殖期会变为全黄色
嘴裂	嘴裂不过眼	嘴裂超过眼睛后缘

3. 领角鸮

领角鸮

鸮形目鸱鸮科鸟类,小型猛禽,国家二级保护野生鸟类。体长20～24厘米,面盘灰白色杂以黑褐色细斑,头、上体及翼灰褐色,杂有虫囊状斑块和黑色羽干纹;具有明显的耳羽簇和特征性沙色颈圈,虹膜红色,嘴黑褐色。常在夜间捕食,多单独活动,主要以鼠类、小型鸟类和大型昆虫为食,营巢于树洞中。眼睛位于正前方,密布着能感受微弱光线的视杆细胞,夜间视觉敏锐,脖子异常灵活,视域范围宽广,听觉系统也十分发达,能精准锁定细微的声源。

4. 星头啄木鸟

鴷形目啄木鸟科鸟类,小型攀禽。体长14～16厘米,下背至腰白色具黑色斑纹,两翼黑色,具白色点斑或块斑;嘴喙强直如凿,舌头长,具有黏液,能啄破树木而食树中蛀虫;二趾向前,二趾向后,尾巴呈楔状,便于攀缘在树木上。星头啄木鸟主要栖息于山地、丘陵、平原地区的林间。以昆虫为主食,兼食植物果实、种子。

星头啄木鸟

【课程目标】

了解常见鸟类的基本特征，观察、记录和分析鸟类的行为和生活习性；探究不同鸟类食性、生境的差异，鸟类能够飞行的原因，鸟类与昆虫的生态链关系，鸟类对生态环境的作用；学会如何正确保护鸟类。

【研学地点】

乘云堤。

【活动时长】

150分钟。

【辅助教具】

常见鸟类的叫声音频、单筒望远镜、双筒望远镜、三脚架、鸟类图鉴、鸟类模型、鸟类图片、观鸟记录表等。

【教学流程】

1. 导入（5分钟）

以"听音辨鸟"活动导入课程主题，通过播放大杜鹃、四声杜鹃、珠颈斑鸠、白头鹎、乌鸫、喜鹊、麻雀、鸿雁等常见鸟类的鸣叫声，让学生抢答辨别，激发学生的听觉感知和探究鸟类的兴趣。

2. 构建（25分钟）

【看形识鸟】

教师向学生展示一张有各种湿地鸟类的图片，通过层层递进的方式描述鸟类的形态特征，让学生通过识别这些特征来逐步寻找到相应鸟类。例如，在描述小天鹅时，可描述它有着长长的脖子，羽毛是白色的，嘴巴是扁扁的，腿和脚是黑色的，脚趾间有蹼，嘴端也是黑色的。在识别过程中，教师教授学生游禽的身体特征与栖息环境、食性等之间的关联性。依照同样的方式让学生从图片中识别白鹭、领角鸮、星头啄木鸟、灰喜鹊等鸟类，并懂得通过鸟类羽毛、喙、腿、脚部等形态特征去认识和区分鸟类。接着，教师讲解游禽、涉禽、猛禽、陆禽、攀禽、鸣禽的形态及生活习性差异。

【鸟类连连看】

根据看形识鸟活动学习鸟的知识，让学生将不同类型的鸟的身体特征和喜欢的食物进行配对连线（图4-6），巩固学习效果。

图4-6 鸟类连连看

【飞行奥秘】

"鸟为什么会飞""所有鸟都会飞吗""如果给你一双翅膀，你也可以飞起来吗""鸟的祖先是恐龙吗"，教师以问题为导向，启发学生思考鸟能够飞行的原因，结合模型、图片等教具讲解鸟的进化过程、鸟的飞行技巧，以及鸟的身形、骨骼、羽毛、翅膀、尾部、呼吸和消化系统等在飞行过程中发挥的重要作用。

3. 实践（100分钟）

【乘云堤观鸟】

教师带领学生进入乘云堤开展观鸟活动，在观鸟前，先向学生介绍望远镜的类型和使用方法。通过观鸟活动认识杏花村常见鸟类，了解鸟的身体结构，通过观察大小、颜色、羽毛、鸟喙、脚部等高辨识度的形态特征，学习不同鸟类的栖息地、食性、捕食方式、社群特征等生活习性。由于鸟类飞行轨迹具有偶然性，教师会结合相关鸟类图片和模型进行讲解，学生带着教师布置的任务（辨别鸟的颜色、体态、飞行、觅食、巢穴等特征），观察结束后填写观鸟记录表（图4-7）。

图4-7 观鸟记录表

第四章 妙趣"虫"生 飞鸟寻踪

【生境地图】

让学生在湿地图纸中画出鸟类的栖息位置（图4-8），引起他们对鸟类生境的关注，增强保护鸟类生境的意识。

图4-8 生境地图

4.分享（15分钟）

引导学生思考鸟类保护对生态环境的作用、鸟类与人类的关系，以及该如何保护鸟类。

教师以飞机、高铁车头、稳定器、夜视仪等为例，引导学生思考和分享鸟类身体结构给人类带来的启发。

5.总结（5分钟）

总结鸟类身体结构特征和生活习性以及辨别常见鸟类的方法。

总结鸟类飞行的奥秘以及人类从鸟类身体结构中获取的灵感。

总结当前城市鸟类的生存环境及当地政府已采取的鸟类保护措施，鼓励学生参与鸟类保护行动。

课程五 候鸟"徙"游记

【知识准备】

鸟类每年在繁殖区与越冬区之间的周期性迁居行为被称为迁徙，它具有定期、定向、集群的特点。迁徙是鸟类对环境变化的一种积极的适应。

终年栖息在同一地区的鸟类，已完全适应当地气候的变化，被称为留鸟，如麻雀、喜鹊等。随季节不同而有规律地变更栖息地的鸟类被称为候鸟。以池州为例，夏季飞来繁殖、秋季南去越冬的鸟类为夏候鸟，如家燕、水雉、须浮鸥。冬季飞来越冬、春季北上繁殖的鸟类为冬候鸟，如鸿雁、小天鹅。在迁徙途中路经某地，暂时栖息的鸟类被称为旅鸟，如池州的黄胸鹀、草鹭、卷羽鹈鹕。迁徙时偏离正常路线而到此地短时间停留的鸟类是迷鸟，如火烈鸟在中国并没有分布，但由于某种原因会偶尔有记录。

目前，世界上已知鸟类约10770多种，其中约4000种是候鸟。世界上每年有数百亿只候鸟在繁殖地和越冬地之间迁徙，迁徙路线几乎遍布全球。候鸟的迁徙路线通常呈南北方向，且常年不变。春季的迁徙，大多是从南向北，由越冬地区飞向繁殖地区；秋季的迁徙，大多是从北向南，由繁殖地区飞向越冬地区。

🌲🌲 候鸟迁徙路线

目前，国际比较公认的候鸟迁徙路线有9条，其中，经过中国境内的有3条。

1. 东非—西亚迁徙线

这条线路上迁徙的候鸟分2条支线：一条是鸟类夏季在内蒙古、青海、宁夏等地的干旱或荒漠草原地带繁殖，秋季跨越青藏高原的阿尼玛卿、巴颜喀拉等山脉，向南沿横断山脉迁飞至四川盆地西部及云贵高原进入印度半岛，并横越印度洋，最后在非洲落脚。另一条是鸟类夏季在西藏地区繁殖，秋季时，体形较小的种类沿东部的唐古拉山和喜马拉雅山向东南方向迁徙，大中体形的种类则飞越喜马拉雅山脉至印度、尼泊尔等地区，并飞越印度洋后在非洲落脚。飞翔在这条迁徙路途的有斑头雁、鱼鸥、黑颈鹤、红嘴鸥等。

2. 中亚—印度迁徙线

这条线路迁徙的候鸟，从西伯利亚起飞，经贝加尔湖，过蒙古国进入我国内蒙古的大草原和戈壁滩，休整后，飞往甘肃、青海及四川盆地，经云南、西藏，最后抵达孟加拉湾、印度洋沿岸越冬。飞翔在这条迁徙路途的鸟类有赤麻鸭、普通鸬鹚、棕头鸥、大苇莺等。

3. 东亚—澳大利西亚迁徙线

这条线路迁徙的候鸟，从美国阿拉斯加起飞，到澳大利亚西太平洋群岛繁衍后再北上，经过我国东部沿海省份。三条经过我国的候鸟迁徙线路中，这条线路上的候鸟数量最多。飞翔在这条线路的鸟类有白鹳、天鹅、黑鹳、相思鸟、画眉等。

候鸟迁徙原因

引起鸟类迁徙的原因很复杂，一般认为这是鸟类的一种本能，这种本能不仅有遗传和生理方面的因素，也是对外界生活条件长期适应的结果，与气候、食物等生活条件的变化有密切的关系。

候鸟迁徙前的准备

候鸟在长途迁徙之前，要做好充分的准备，一是换羽，将旧的、缺损的羽毛更换，以利飞行；二是摄取大量食物，增加脂肪，储存足够的能量。

鸟类迁徙定向机制

鸟类迁徙的定向是一个复杂的行为，已知的有以下几种定向机制。

（1）**视觉定向**：利用太阳、星辰及所观察和记忆的沿途陆地标志如海岸线、山脉、河流、森林、荒漠等定向。

（2）**磁场定向**：利用地球磁场定向，如对信鸽的研究发现，其头骨内部有一层微粒状磁铁矿物质。

（3）**嗅觉、听觉定向**：利用嗅觉、听觉感受迁飞路线上特有的化学刺激和声音刺激以定向。

候鸟迁徙过程中的风险

候鸟迁徙过程可能会遇到重重困难：风暴、大雨、雾等恶劣天气会增加候鸟的迁徙难度和风险；栖息地的食物和水源减少或受到污染，影响候鸟迁徙途中的能量补给，甚至危及生命；迁徙过程中需要消耗大量能量，幼鸟或年老、体弱、受伤的鸟类可能会因为体力不支而死亡；迁徙途中遇到猛禽、猛兽等天敌的捕食；过度城市化和工业化导致鸟类栖息地减少或遭到破坏；人类对鸟类的捕杀等。

🌲🌲 杏花村湿地常见候鸟

1. 小天鹅

小天鹅

冬候鸟，雁形目鸭科鸟类，国家二级保护野生鸟类。小天鹅成鸟羽色通体白色，虹膜棕褐色，嘴黑灰色，上嘴基部两侧黄斑向前伸近鼻孔，跗跖、蹼、爪等均黑色，颈长，飞行时头部伸直。栖息于湖泊、沼泽等开阔水域。主要以水生植物的根、茎和种子为食，兼食部分水生动物。一般9月中下旬开始离开繁殖地往越冬地迁徙，翌年2月末3月初又离开越冬地往繁殖地迁徙。迁飞时常排成"一"或"V"字形以获得最大的空气动力学效应。迁徙多沿湖泊、河流等水域地区进行，沿途不断停息和觅食。

小天鹅与大天鹅在外形上非常相似，小天鹅体形稍小一些，颈部和嘴比大天鹅略短，两者最大的区别在于嘴基部黄色斑的大小，大天鹅嘴基部黄斑大，向前延伸过鼻孔，侧缘成尖形；小天鹅嘴基部黄斑小，仅限嘴基两侧，延伸不过鼻孔。

2. 东方白鹳

东方白鹳

冬候鸟，鹳形目鹳科鸟类，国家一级保护野生鸟类。成鸟体长110～130厘米，身体主要羽毛为白色，飞羽和大覆羽黑色且具金属光泽，虹膜白色，嘴黑色且粗壮，胫、跗跖及趾红色。栖息于开阔的湖泊、河滩、沼泽等湿地。主要以鱼、蛙、昆虫为食。每年9月末组成群体分批迁徙至南方越冬，翌年3月初北迁至繁殖地。迁徙时常集聚在开阔的草原湖泊和芦苇沼泽地带活动，沿途选择合适的地点停歇，在有些地方可以停歇40天以上。

3.水雉

夏候鸟，鸻形目水雉科鸟类，中等涉禽，体长35~42厘米，繁殖期间，换上黑白相间、十分醒目的繁殖羽，其后颈部有一块镶着黑边的金黄色斑块，冬羽则相对暗淡。它们栖息于富有挺水和漂浮植物的淡水湖泊、池塘和沼泽地，拥有极其修长的脚趾，善于在挺水植物上行走。主要以昆虫、虾等小型无脊椎动物和水生植物为食，营巢于芡实等浮叶植物上。每年4月上旬抵达安徽，10月中旬南迁越冬。

水雉

【课程目标】

了解候鸟的概念与类型，了解它们的迁徙原因、迁徙路径、迁徙过程；理解候鸟生存与环境、人类的关系，培养学生爱鸟护鸟的情感。

【研学地点】

八百亩。

【活动时长】

120分钟。

【辅助教具】

绘本《盼归栖——小天鹅的故事》、杏花村常见候鸟和留鸟图片、候鸟迁徙地图、游戏卡片、积分卡等。

【教学流程】

1.导入（5分钟）

通过绘本《盼归栖——小天鹅的故事》导入，以书中小天鹅的迁徙过程为开场，引导学生思考候鸟为什么飞往南方。

2.构建（25分钟）

【认识候鸟】

教师讲解候鸟的概念、候鸟的类型、候鸟与留鸟的区别，引导学生对身边常见鸟类按照候鸟、留鸟进行归类，介绍杏花村常见的留鸟、夏候鸟及冬候鸟。

【迁徙之谜】

教师提问鸟类为什么要迁徙，从气候、温度、光照、食物来源等方面讲解候鸟迁徙的原因，结合杏花村的地理位置和湿地环境，分析候鸟对栖息地的选择要素，让学生理解杏花村湿地作为鸟类迁徙的重要停歇地、繁殖地和越冬地，重视其生态环境保护的重要性。

教师以小天鹅（冬候鸟）或水雉（夏候鸟）为例，讲解候鸟的迁徙时间、迁徙路线，如何完成迁徙（迁徙前大量进食储备能量、迁徙途中借助气流等辅助力量、定位导航、停歇补给），以及迁徙过程中可能遇到的风险等相关知识。通过开展"你问我答"小课堂，加深学生对知识的理解。

3.实践（70分钟）

【八百亩湿地观鸟】

教师带领学生在八百亩借助望远镜观察候鸟数量、种群特征、行为习性、栖息地等，教师结合观察到的候鸟类型进行讲解。

【漫漫迁徙路】

小天鹅在池州属于冬候鸟，每年11月中下旬开始，数百只小天鹅陆续飞抵池州越冬栖息，次年2月天气转暖时，它们便开始北上，返回西伯利亚地区繁殖。迁徙行程5000多千米，小天鹅要飞过高山、河流，跨越荒漠、戈壁，在3月底基本完成迁徙。在迁徙过程中，小天鹅需要抵抗低温、缺氧，可能会遇到恶劣天气、栖息地减少、环境污染、食物和水源短缺、非法捕猎、天敌威胁、迷失方向等问题，年老、体弱、受伤的鸟类可能会体力不支。迁徙过程中，小天鹅面临重重困难。

开展游戏"漫漫迁徙路"，通过游戏让学生了解小天鹅迁徙过程中的艰辛，启发学生思考可以采取哪些措施为鸟类迁徙保驾护航。

> 游戏规则：选择一处空旷场地，设置迁徙的起点、终点和若干个湿地中转站。学生扮演小天鹅，每个学生获得5个初始积分。所有小天鹅均从起点出发，按照设置好的路径往终点前进。当到达湿地中转站时，每位学生需要依次完成高抬腿、跳绳、捏鼻子转圈、深蹲等项目，体验候鸟迁徙过程中的艰辛，方能抽取一张游戏卡片，根据卡片内容增加或减少积分。顺利到达终点后积分最多的学生获胜。若中途无积分剩余则迁徙失败（若学生人数较多，可设置几个团队进行迁徙，每个关卡可以团队游戏的形式进行）。

游戏卡内容：

1. 排放不符合水污染物排放标准的污水到湿地中，损失2个积分。

2. 倾倒、堆放、丢弃、遗撒固体废物到湿地中，损失2个积分。

3. 湿地被用于开发建设旅游度假村，导致栖息地减少，损失3个积分。

4. 使用大量除草剂和灭虫剂，湿地环境遭到破坏，损失2个积分。

5. 小天鹅由于长途迁徙导致体力不支掉队，损失2个积分。

6. 一只未成熟的小天鹅幼鸟遭到狐狸捕食，积分清零。

7. 寒潮来袭，气温骤降，小天鹅仅短暂停留，损失2个积分。

8. 湿地水面结冰，损失1个积分。

9. 湿地出现非法捕猎者，一只小天鹅被捕获出售，积分清零。

10. 一位游客在湿地游玩时用弹弓射击小天鹅，损失1个积分。

11. 一只流浪狗将小天鹅咬伤，损失2个积分。

12. 小天鹅在觅食时误食了塑料垃圾，损失2个积分。

13. 游客因喜爱小天鹅，偷偷猎捕，将小天鹅圈养在家中，积分清零。

14. 春节期间，湿地周边居民燃放烟花爆竹，小天鹅受到惊扰，损失1个积分。

15. 摄影爱好者为了拍摄小天鹅起飞的情景，故意冲向小天鹅，导致小天鹅受到惊扰，损失1个积分。

16. 小天鹅在迁徙途中迷失方向，损失2个积分。

17. 地方开展爱鸟护鸟主题宣传活动，志愿者们向当地居民讲解候鸟及栖息地保护等知识，得到1个积分。

18. 湿地保护区建立了小天鹅救护中心，对迁徙途中受伤的小天鹅进行救护，得到3个积分。

19. 湿地保护区在候鸟迁徙期间进行现场巡护，得到2个积分。

20. 来到了一片食物丰富的湿地，得到2个积分。

21. 学校开展湿地生物多样性教育，得到1个积分。

22. 湿地环境监测的技术水平提升，得到1个积分。

23. 地方政府采取退耕还湖、退耕还沼泽等湿地保护措施，栖息地扩大，得到3个积分。

24. 政府加大对破坏鸟类与湿地资源行为的处罚力度，得到2个积分。

> 25.湿地安装了生态围栏，增设了电子监控，得到2个积分。
>
> 26.湿地周边划定区域禁止燃放烟花爆竹，防止惊扰小天鹅，得到1个积分。
>
> 27.湿地科学地设置了观鸟范围、规范观鸟行为、减少对候鸟干扰，得到2个积分。
>
> 28.爱鸟志愿者在湿地发现了捕鸟网，并及时拆除，得到2个积分。
>
> ……

4. 分享（15分钟）

游戏活动后，学生分享候鸟在迁徙过程中会遇到哪些困难。

播放湿地缩减对鸟类迁徙的影响视频，让学生分组讨论在保护候鸟迁徙通道和栖息地方面可以做些什么。

5. 总结（5分钟）

总结候鸟的类型、候鸟迁徙原因和迁徙路线。

总结候鸟迁徙过程中可能面临的各种困境，强调湿地保护对候鸟迁徙的重要意义。

（三）闭营仪式

1. 地点： 可持续发展教育中心；

2. 活动时长： 30分钟；

3. 活动内容： 展示学生研学的精彩瞬间；评选优秀团队，颁发奖品；学生代表分享交流；进行研学总结，升华主题内容，培养学生保护生态、珍惜生命、热爱自然等情感和价值观念；全员合影留念，致欢送词。

第五章

追寻诗仙足迹 倾听秋浦脉搏

一、课程概况

（一）课程背景

"关关雎鸠，在河之洲"，河流如同生命的血脉，将古典诗歌的无数华章串联，它们不仅流淌着古人的智慧和情感，也承载着后人的期待和梦想。有"溪流澄碧长似秋"美名的池州秋浦河，被誉为"流淌着诗的河"。诗仙李白《秋浦歌十七首》中，"山鸡羞渌水，不敢照毛衣""千千石楠树，万万女贞林"是秋浦河秀色的真实写照，"秋浦田舍翁，采鱼水中宿"描绘了秋浦河两岸居民傍水而居的生活方式。一方水土养一方人，秋浦河孕育了淳朴的池州人民，它不仅满足人们日常生活用水需要，还具有航运、防洪、灌溉、调节气候等功能，在维持生态平衡和生物多样性方面发挥重要作用。流经杏花村湿地的秋浦河长约25.2千米，是我国长江流域河流湿地的典型代表，为开展河流研学课程提供了丰富的素材。

本课程紧扣"追寻诗仙足迹 倾听秋浦脉搏"主题，围绕"识""探""护"3个版块展开，层层递进，自成体系。课程单元一《"河"我一起，识秋浦》，带领学生认识母亲河，通过诗歌地图、诗画创作等活动让学生领略秋浦河诗词之美、风景之美；课程单元二《"河"我一起，探秋浦》，带领学生探秘母亲河，通过无人机巡河、聆听秋浦往事等环节了解河流地貌特征，感受秋浦河对两岸居民生产、生活的影响；课程单元三《"河"我一起，护秋浦》，引导学生守护母亲河，通过水质检测实验、专题调研等方式探究河流湿地生态保护和修复的措施，树立人水和谐共生的理念。

（二）研学对象

主授对象： 七~八年级学生

学情分析： 该年龄段学生已初步掌握河流与流域的基本知识，但对河流与人类社会发展的关系理解不足。从年龄特点来看，他们正处在少年向青年初期发展过渡的重要阶段，独立意识增强，对世界怀有强烈的好奇心；从心理特点来看，他们的成人感和幼稚性并存，思维的独立性和批判性有了显著发展，喜欢寻求独立，乐于与人争论各种事物现象的原因和规律。因此，研学中应采用形式多样的教学方法，为学生创设宽松、融洽的学习氛围，给予学生主动探究、充分讨论、积极分享的机会。

（三）教学目标

🌲🌲 总体目标

1. 掌握秋浦河的水文特征，初步认识河流地貌的发育过程和特点；

2. 理解河流的多重功能与生态价值，通过实地调研认识秋浦河对两岸居民生产、生活的影响，了解农业灌溉工具，领悟劳动人民的取水智慧；

3. 了解秋浦河水质状况和影响因素，探究河流湿地生态保护和修复的措施；

4. 领悟秋浦河（杏花村段）在湿地生态系统中的作用，引导学生关爱自然、保护河流，树立人水和谐共生的理念；

5. 了解秋浦河作为池州母亲河的历史渊源，感受"流淌着诗的河"所蕴含的自然与人文之美，激发学生对家乡、对诗词的热爱。

🌲🌲 涉及《指南》中的环境教育目标

环境意识： 欣赏自然的美；感知、说出身边自然环境的差异和变化。

环境知识： 举例说明自然环境为人类提供居住空间和资源；举例说明个人参与环境保护和环境建设的途径和方法。

环境态度： 尊重本土知识和文化多样性；认识自然规律，摆正人与自然的关系，追求人与自然的和谐。

技能方法： 围绕自己选定的环境问题确定调查范围、设计调查方法、制订调查计划；根据搜集的信息，设计集中解决方案，对比并确定行动方案。

环境行动： 能够践行可持续生活方式；能够表达自己的环境保护的观点，并以宣传或劝说的方式影响他人做出行为改变。

🌲🌲 与《课标》的联系

初中地理： 认识主要河流和湖泊的水文特征；进行野外考察，并利用图文资料，描述家乡典型的自然与人文地理事物和现象。

高中地理： 通过了解河流对聚落形成与发展的影响，感受家乡文化的区域特色，引导学生形成辩证思维，加深对乡土文化的认同与自信。

初中语文： 诵读古代诗词、欣赏文学作品，初步领悟作品的内涵，从中获得对自然、社会、人生的有益启示；能借助不同媒介表达自己的见闻和感受，学习发现美、表现美和创造美，培养健康的审美情趣。

🌲🌲 核心素养

人文情怀、审美情趣、理性思维、乐学善学、自我管理、社会责任等。

（四）知识链接

1. 关联学科

人教版地理八年级上册《河流》《水资源》《农业》；

人教版高中地理（必修第一册）《河流地貌》；

部编版语文七年级下册《黄河颂》；

部编版语文八年级上册《三峡》；

部编版语文八年级下册《在长江源头各拉丹东》。

2. 知识推荐

（1）纪录片

《地球脉动》《大地之上》《从河说起》《山河中国》。

（2）书籍

吴树强. 江山如画：中国古代山水志[M]. 北京：北京联合出版公司，2019.

郝娟菡. 跟着诗词去旅行[M]. 成都：四川人民出版社，2020.

蓝勇. 水润华夏大长江[M]. 南京：江苏人民出版社，2024.

史蒂文·米森，休·米森. 流动的权力：水如何塑造文明[M]. 北京：北京联合出版公司，2014.

（五）课程特色

课程围绕"识秋浦""探秋浦""护秋浦"3个模块展开，层层递进，引导学生领略秋浦河诗歌之美、风景之美、生态之美，在认识与探秘河流的基础上产生守护河流的情感，环环相扣，一气呵成。

通过诗歌地图、走访调研、诗词创作、科学实验、生态游戏等多种教学方式，激发学生主动探究的兴趣与热情；通过小组合作、组间接龙等形式开展集体创作与分享，既丰富学习形式，也让学生在实践中深刻体会到团队协作的重要性。

二、课程体系与行程安排

（一）课程体系

本主题研学课程体系见图 5-1。

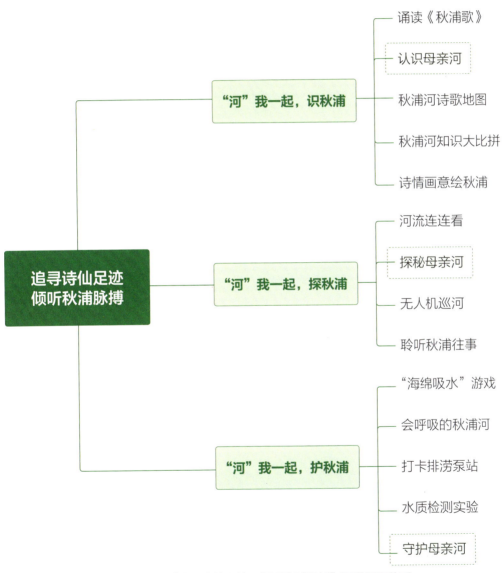

图 5-1 "追寻诗仙足迹 倾听秋浦脉搏"研学课程体系

（二）行程安排

"追寻诗仙足迹，倾听秋浦脉搏"研学课程共计 2 天，具体行程安排见表 5-1。

表5-1　研学行程安排

时间		名称	研学地点	研学内容
第一天	8:30—9:00	开营仪式	可持续环境教育中心	1.介绍课程内容； 2.明确纪律与要求； 3.破冰游戏。
	9:00—11:00	"河"我一起，识秋浦	可持续环境教育中心、唱晚亭	1.《秋浦河》诗歌导入。 2.认识母亲河：介绍秋浦河概况。 3.秋浦诗歌地图：追寻诗仙足迹，了解秋浦河沿途重要节点的迷人风光。 4.秋浦河知识大比拼：以游戏形式加深学生对秋浦河知识的理解与记忆。 5.诗情画意绘秋浦：徒步秋浦河（杏花村段）后，通过绘画加诗歌创作的方式描述秋浦河。
	14:00—16:30	"河"我一起，探秋浦	可持续环境教育中心、秋浦河沿岸	1."河流连连看"导入。 2.探秘母亲河：介绍河流的类型，凹岸侵蚀、凸岸堆积的形成过程，河漫滩的形成原因及生态、防洪价值。 3.无人机巡河：空中视角观察河心洲及两岸地貌、聚落分布。 4.聆听秋浦往事：分组对秋浦河（杏花村段）两岸常住居民进行走访，了解与河流相伴相生的人们如何依水而居。
第二天	08:30—11:00	"河"我一起，护秋浦	可持续环境教育中心、秋浦河沿岸	1."海绵吸水"游戏导入。 2.会呼吸的秋浦河：介绍秋浦河生态治理的关键工程、核心理念、重要举措。 3.打卡排涝泵站：到访下丰赛圩、天生湖二站，了解秋浦河沿岸水利设施。 4.水质检测实验：了解秋浦河水质状况。 5.守护母亲河：开展水环境治理、生态驳岸、缓冲带植被等方面专题调研，小组接龙完成"小小河长"守护秋浦河宣誓词撰写。
	11:30—12:00	闭营仪式	可持续环境教育中心	1.回顾研学活动精彩瞬间； 2.评选优秀团队，颁发奖品； 3.学生代表分享交流； 4.全员合影留念。

三、课程内容

"追寻诗仙足迹，倾听秋浦脉搏"主题研学课程一共包括开营仪式；"河"我一起·识秋浦；"河"我一起，探秋浦；"河"我一起，护秋浦；闭营仪式；共5个阶段。

（一）开营仪式

1. **地点**：可持续环境教育中心；

2. **活动时长**：30分钟；

3. **内容**：教师介绍本次研学活动的主题、内容和行程安排，明确研学活动纪律、安全、学习等方面的要求；带领学生开展"破冰游戏"，构建合作互助的良好氛围，引导学生尽快投入即将开展的研学活动。

（二）课程单元

课程一 "河"我一起，识秋浦

【知识准备】

秋浦河流域概况

秋浦河位于安徽省池州市，古称秋浦江，又名云溪河，为长江一级支流。秋浦河源头其一出自仙寓山脉，汇牯牛降山脉，南源、竹溪诸水入恭浚河，经唐村于双河口注入秋浦河；其二出自祁门大洪岭，经石台县兰关，纳琏溪、管溪入鸿陵河，于香口村附近与公信河相汇，始称秋浦河，而后经七里、矶滩、高坦、灌口、殷汇等地，最终在池口汇入长江。

秋浦河主要支流有公信河、牌楼河、龙舒河、双溪河等，干流全长149千米，流域面积2235.2平方千米。

🌲🌲 秋浦河与池州

（1）**池州的母亲河**：池州，唐武德四年（公元621年）设州置府，公元2000年撤地建市，下辖贵池区和东至、石台、青阳三县。贵池，在汉代时被称为石城县；隋开皇十九年（公元599年）改石城县为秋浦县。《太平寰宇记》记载"秋浦县'盖以秋浦之水为其名'"，此后，秋浦河便成了贵池的象征。同时，秋浦河也是石台县人民同外界进行物资交流的黄金水道，是城乡经济往来的运输大动脉。石台县矶滩乡沟汀段东岸已发现一处新石器时代文化遗址，距今约有5000年，见证了人类祖先在秋浦河流域繁衍生息的历程。秋浦河是池州市境内长江右岸的最大支流，被誉为池州人民的"母亲河"。

（2）**最美家乡河**：秋浦河以秀美的自然风光著称，河水澄碧如镜，两岸青山苍翠欲滴，大龙湾、百丈崖、大王洞等景点宛如一颗颗璀璨的明珠镶嵌在河岸之上，吸引着无数文人墨客驻足欣赏。秋浦河沿途还保留着众多名胜古迹，如太平天国时期兴建的古长城、史称"徽饶通衢"的古徽道、唐代杉山镇国寺遗址、朗山崖下飞泉奔泻成潭的玉镜潭，还有爱国名将岳飞"剑击"的金灯崖。秋浦河畔的贡溪文脉悠长，是晚唐诗人杜荀鹤的家乡。1987年，安徽省人民政府将齐山-秋浦仙境（包括齐山、万罗山、秋浦河等）列为第一批省级风景名胜区。2022年2月，经国家水利部审议通过，秋浦河入选全国第二届"最美家乡河"，全国只有11条河流上榜，秋浦河（石台段）是安徽省唯一入选的河流。

（3）**流淌着诗的河**：如诗如画的秋浦河深受历代文人钟爱，陶渊明、李白、杜牧、黄观、岳飞、文天祥、姚鼐等都曾游览过秋浦河，留下了数百首有关秋浦河的诗歌，因而美丽的秋浦河被誉为"流淌着诗的河"。其中，诗仙李白寄情山水，曾于唐天宝八年至上元二年（公元749—761年）5次到访秋浦县，足迹踏遍秋浦河两岸，留下了45首诗作，其中，广为流传的是《秋浦歌十七首》。《秋浦歌十七首》以生动的语言描绘了秋浦①的风土人情和秀美风光，让人仿佛置身于一幅流动的山水画卷之中。

---

① 秋浦，非专指秋浦河，实指秋浦县，县境包括今池州市贵池区、东至县大部分地区以及青阳、石台县部分地区。

《秋浦歌十七首》
李白

其一
秋浦长似秋，萧条使人愁。
客愁不可渡，行上东大楼。
正西望长安，下见江水流。
寄言向江水，汝意忆侬不？
遥传一掬泪，为我达扬州。

其二
秋浦猿夜愁，黄山堪白头。
清溪非陇水，翻作断肠流。
欲去不得去，薄游成久游。
何年是归日，雨泪下孤舟。

其三
秋浦锦驼鸟，人间天上稀。
山鸡羞渌水，不敢照毛衣。

其四
两鬓入秋浦，一朝飒已衰。
猿声催白发，长短尽成丝。

其五
秋浦多白猿，超腾若飞雪。
牵引条上儿，饮弄水中月。

其六
愁作秋浦客，强看秋浦花。
山川如剡县，风日似长沙。

其七
醉上山公马，寒歌宁戚牛。
空吟白石烂，泪满黑貂裘。

其八
秋浦千重岭，水车岭最奇。
天倾欲堕石，水拂寄生枝。

其九
江祖一片石，青天扫画屏。
题诗留万古，绿字锦苔生。

其十
千千石楠树，万万女贞林。
山山白鹭满，涧涧白猿吟。
君莫向秋浦，猿声碎客心。

其十一
逻人横鸟道，江祖出鱼梁。
水急客舟疾，山花拂面香。

其十二
水如一匹练，此地即平天。
耐可乘明月，看花上酒船。

其十三
渌水净素月，月明白鹭飞。
郎听采菱女，一道夜歌归。

其十四
炉火照天地，红星乱紫烟。
赧郎明月夜，歌曲动寒川。

其十五
白发三千丈，缘愁似个长。
不知明镜里，何处得秋霜。

其十六
秋浦田舍翁，采鱼水中宿。
妻子张白鹇，结罝映深竹。

其十七
桃波一步地，了了语声闻。
黯与山僧别，低头礼白云。

注：以上摘自《李白皖南诗文千年遗响》（何家荣著，安徽文艺出版社，2017）。

🌲🌲 秋浦河（杏花村段）

杏花村省级湿地公园内的秋浦河长度约25.2千米，河道蜿蜒漫长，北至入江口2千米处，南至普丰圩，是我国长江流域河流湿地的典型代表，在安徽省境内属于稀缺的、保存完整的、无污染的天然河流湿地资源（图5-2）。

湿地公园境内的秋浦河水面宽阔，水质良好，滩涂众多，零零散散分布在河道两旁，成群的水鸟在水滩栖息、觅食。河漫滩湿地景观带已种植各种水生植物，构建了具有稳定生态结构的河岸景观。

图5-2 杏花村省级湿地公园与秋浦河（杏花村段）

【课程目标】

了解秋浦河的源头、流向、长度、流量、流经区域、流域内的气候及地表形态、植被状况等基本特征；了解秋浦河"流淌着诗的河"的名片由来以及池州母亲河的渊源，感受秋浦河的美景与历史，激发对大自然和乡土乡情的热爱；通过观察与探究，理解秋浦河（杏花村段）在湿地生态系统中的作用，启发学生关爱自然、保护生态平衡的意识。

【研学地点】

可持续环境教育中心、唱晚亭。

【活动时长】

120分钟。

【辅助教具】

秋浦河图片、秋浦河地图、画笔、空白折扇、卷轴等。

第五章 追寻诗仙足迹 倾听秋浦脉搏

【教学流程】

1.导入（5分钟）

以《秋浦歌》中"山鸡羞渌水，不敢照毛衣""千千石楠树，万万女贞林"等经典诗句导入，激发学生对秋浦河的兴趣。根据学生对秋浦河的熟知程度，适当穿插河流诗词知识问答、秋浦河诗词接龙等环节。

2.构建（30分钟）

【认识母亲河】

教师借助PPT、视频等形式介绍秋浦河的源头、流程、流向、流域范围、流量、汛期等水系、水文特征。通过地图解说秋浦河与长江、白洋河以及周围群山、农田的关系，重点介绍在池州城区汇入秋浦河的白洋河，它发源于九华山脉三根尖西麓，在赵家圩与秋浦河汇合后经池口流入长江，属秋浦河一级支流、长江流域的二级支流，引导学生在地图上找到秋浦河的其他支流（公信河、牌楼河、龙舒河、双溪河等）。

借助典型图片展现秋浦河的旖旎风光，引导学生讨论"最美家乡河"上榜的理由以及秋浦河被称为"池州的母亲河"的理由。

【秋浦诗歌地图】

教师介绍《秋浦歌十七首》的创作背景、思想情感及文学价值。创设场景，师生一起穿越千年，循着诗仙李白的足迹，畅游历史上的秋浦县，聆听秋浦河这条"流淌着诗的河"的动人乐章。"秋浦千重岭，水车岭最奇。天倾欲堕石，水拂寄生枝""秋浦多白猿，超腾若飞雪。牵引条上儿，饮弄水中月"……通过诗词吟诵和地图线路节点解读，引导学生感受历史上秋浦河的沿途风光和多样生物。

3. 实践（60分钟）

【秋浦河知识大比拼】

开展"猫头鹰和乌鸦"自然游戏：两个护河小分队（分别代表猫头鹰队和乌鸦队）面对面站好，间距1米，各队身后留约5米的地方作为自己的大本营。教师出题，让两队判断对错。如果是对的，猫头鹰队就去抓乌鸦队，在乌鸦跑回大本营前被抓到的队员，

则变为猫头鹰队新成员；反之亦然。最后，大本营内剩余成员多的小分队，即为该轮游戏获胜者。

游戏通过互动性和趣味性的学习环境，不仅考验了学生的反应速度，更能帮助学生巩固已学概念。教师应确保所提问题紧扣知识构建环节学生共同经历的事项和共同学习的知识点，以加深学生对秋浦河知识的理解与记忆。

问题示例如下：

1. 水从高处往低处流。（对）

2. 太阳是从西边升起的。（错）

【注意：先出对错显而易见的问题让学生快速熟悉游戏规则，后面所提问题涉及秋浦河具体知识点】

3. 秋浦河古称秋浦江，又名云溪河。（对）

4. 秋浦河被誉为"流淌着诗的河"。（对）

5. 秋浦河发源于九华山脉。（错）

6. 秋浦河是长江的一级支流。（对）

7. 白洋河是秋浦河的支流。（对）

8. "秋浦千重岭"的下一句是"江祖一片石"。（错）

9. 秋浦河（杏花村段）长度约25.2千米。（对）

10. 2022年2月，秋浦河入选全国第一届"最美家乡河"。（错）

……

【诗情画意绘秋浦】

教师带领学生沿秋浦河（杏花村段）进行徒步活动，感受"千载诗村"中流淌的"千年诗河"之韵味。教师讲解该段秋浦河在杏花村湿地中扮演的角色和发挥的作用，引导学生观察秋浦河沿岸的自然风光、河漫滩上的植被分布、河流凹岸与凸岸的地貌特征等，让学生以身体力行的方式深刻感受河流的律动，进一步拉近与大自然之间的距离。

徒步活动后，回到室内请学生完成研学任务"诗情画意绘秋浦"。教师发放画笔、空白折扇、卷轴等材料，要求通过绘画加诗歌创作的方式描绘出自己心目中的秋浦河。在创作过程中，教师适时指导，可穿插河流基本知识的讲解（如河流为什么总是弯弯曲曲的）。

4.分享（20分钟）

学生展示"诗情画意绘秋浦"诗画作品，并分享在创作过程中对秋浦河自然景观、历史文化、生态价值的理解。

学生分小组将组内成员创作的诗句前后相接构成一首长诗，并齐声朗诵，在诗词浸润下感受秋浦河的美景与文化，体验集体创作的成就感。

5. 总结（5分钟）

总结秋浦河的水系、水文特征。

总结秋浦河被称为"流淌着诗的河"以及池州的母亲河的渊源。

总结秋浦河（杏花村段）在湿地生态系统中的作用，引导学生树立关爱自然、保护生态平衡的意识。

课程二 "河"我一起，探秋浦

【知识准备】

🌲🌲 河流的径流量

河流的径流量是指单位时间里通过某过水断面（即河流横断面）水的体积。根据秋浦河干流高坦水文站统计资料，秋浦河多年洪峰流量为1489立方米/秒，其中最大为4210立方米/秒（1998年6月26日），最小为276立方米/秒（1978年3月20日），年平均径流量为11.39亿立方米。以雨水补给为主的河流，其径流量是随降水量的季节变化而变化的。秋浦河流域一年内出现暴雨的时间一般在4—7月，最高水位与常水位相差2～5米。因水量不稳定，河流在洪水期容易发生洪涝灾害，枯水期容易加剧水体污染。修建水利工程，调节流量的季节变化，是保护环境、保证人们生产和生活用水的必要措施。

🌲🌲 河谷的演变

河流是塑造地表形态的重要外力，它对流经的河谷不断侵蚀和堆积，使河谷形态发生变化。

在河流发育初期，河流落差大，流速快，能量集中，河流侵蚀作用以向下和向源头侵蚀为主，使河谷不断加深和延长。这时的河谷深而窄，谷壁陡峭，横剖面呈"V"形（图5-3a）。"V"形河谷形成后，

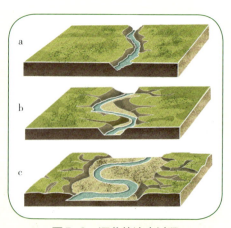

图5-3 河谷的演变过程

河流落差减小，河流向下的侵蚀作用减弱，向河谷两岸的侵蚀作用加强，河道开始变得弯曲。河流在凹岸侵蚀，在凸岸堆积，使河道更为弯曲，河谷拓宽（图5-3b）。经过漫长的过程，河谷展宽，横剖面呈宽而浅的槽形（图5-3c）。

秋浦河（杏花村段）处于河流下游、入江口附近，河谷相对宽而浅。

🌲 凹岸与凸岸

河流凹岸指的是河流弯曲处岸线由河流凸向陆地，凸岸是指河流弯曲处岸线由陆地凸向河流（图5-4）。

河流凹岸与凸岸发育受水流离心力、地转偏向力、河流两岸地形与地质以及人类活动等多种因素影响。在水流的离心力作用下，凹入的河岸会受到侵

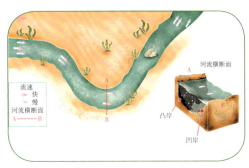

图5-4　河流凹岸与凸岸

蚀，侵蚀下来的泥沙通过弯道环流被搬运到对岸沉积，逐渐形成坡度缓和、近岸水流和缓的凸岸。地转偏向力使得北半球的右岸受侵蚀，容易成为凹岸。随着时间推移，这两种作用力常可以使河流变得越来越弯曲。

🌲 河漫滩

河流历经地势平坦的地方常形成曲流，尤以中下游地区常见。秋浦河（杏花村段）在凸岸堆积，形成水下堆积体。堆积体不断升高扩大，在枯水季节露出水面，形成河漫滩；洪水季节，河漫滩被洪水淹没，继续接受堆积。秋浦河漫滩沿河呈带状分布。

🌲 河心洲

在杏花村省级湿地公园唱晚亭，可观秋浦河一处典型的河心洲地貌，面积约0.26平方千米。该区域有2条河道，河道宽度相近，左河道的深度比右河道浅。

河心洲的雏形是水下淤积的浅滩。在河水流动的过程中，泥沙被搬运至水流减缓、地势平坦的地方，特别是在从狭窄河道向开阔河道过渡的区域，水流扩散，流速减缓，导致对泥沙的搬运能力减弱，水中泥沙逐渐淤积，形成浅滩。随着浅滩逐渐稳定和堆高，它有可能在枯水期不被淹没，出露为心滩，进而将水流分为两股汊道。历经多次大洪水，心滩顶部沉积的悬移质泥沙不断增加，其高度超过平水位后，生长植物得以进一步稳定，最终形成了河心洲。

河心洲形成以后，还将不断变化。洲头（河流分汊口）水流速度较快，容易受到冲刷，而洲尾有利于泥沙堆积，所以整个河心洲可能会缓慢地向下游移动。

🌲🌲 河流与聚落分布

秋浦河沿岸分布着大小村镇，它不仅满足人们日常生活用水需要，还具有航运、防洪、灌溉、调节气候、维持生态平衡等功能。秋浦河对池州人民的生产、生活有着重要影响。

（1）**提供水源**：河流是人类生活中重要的水资源之一，秋浦河流域近60万人口的生活用水主要来自秋浦河。

（2）**农业生产**：秋浦河两岸农业较为发达，一是灌溉用水有足够保障，二是河流的冲积平原地势平坦，土壤肥沃，有利于耕作，可为人们提供丰富的农副产品。

（3）**交通航运**：秋浦河作为交通运输通道，为人们提供了便捷、高效的交通方式，方便沿河居民的对外经济和文化交流。

（4）**生态保护**：秋浦河沿岸的湿地滩涂和洪泛区域为许多物种提供了栖息地和食物；河流还可以美化环境、调节气候，过滤和降解污染物以净化水质。因此，秋浦河生态系统对于维护生物多样性和生态平衡具有重要意义。

🌲🌲 秋浦花鳜

秋浦花鳜，属翘嘴鳜鱼，又名桂花鱼、季花鱼，受气候、水质以及温度等环境的影响，它们自古以来就在秋浦河流域定居并繁衍生息，形成了特异种群，极具地方特色。相传梁昭明太子喜食秋浦河鳜鱼，盛赞"水好鱼美"，封其水为贵池（出自《光绪贵池县志》卷四）；宋朝著名诗人杨万里品尝了秋浦河鳜鱼后，留下了"一双白锦跳银刀，玉质黑章大于掌"等千古佳句。2018年2月，"秋浦花鳜"荣获国家农产品地理标志认证。

2010年11月25日，中华人民共和国农业部公告第1491号批准建立了秋浦河特有鱼类国家级水产种质资源保护区，范围为池州市贵池区秋浦河殷汇大桥至池口段长江口34.8千米（含天生湖）的水域。根据《农业农村部关于长江流域重点水域禁捕范围和时间的通告》（〔2019〕4号）有关规定，秋浦河特有鱼类国家级水产种质资源保护区自2020年1月1日0时起全面禁捕。

【课程目标】

掌握秋浦河不同季节的水文和景观差异；了解河流是塑造地表形态的重要外力，掌握秋浦河河流地貌特征及其形成原因；通过走访，分析梳理秋浦河对两岸居民生产、生活的影响，总结河流的功能。

【研学地点】

可持续环境教育中心、秋浦河沿岸。

【活动时长】

120～150分钟。

【辅助教具】

不同类型的河流图片、秋浦河不同河段的典型图片、河心洲教学视频、无人机等。

【教学流程】

1. 导入（5分钟）

教师展示2组图片，第一组为长江、黄河、淮河、秋浦河等不同河流照片，请学生看图说出河流名称，根据水量、流向、沿途风光等特点判断，温故而知新；第二组为秋浦河山前冲积扇、河漫滩、河口三角洲等照片，请学生连线对应秋浦河的上游、中下游、入江口等不同位置，激发学生对河流地貌、河流功能等内容的探究。

2. 构建（30分钟）

【探秘母亲河】

教师讲解河流的类型、河流的径流量变化、秋浦河不同季节的水文和景观差异；以秋浦河为对象，讲解河流侵蚀地貌、堆积地貌的类型及其形成过程，让学生理解河流是塑造地表形态的重要外力；以秋浦河（杏花村段）为例，借助现场实验或教学视频演示河流凹岸侵蚀、凸岸堆积的现象，引导学生说出秋浦河（杏花村段）河漫滩的形成过程，完成研学手册"河漫滩农作物类型"知识问答，总结人类对河流的合理利用方式，引发学生思考河漫滩的生态和防洪价值。

3. 实践（60～90分钟）

【无人机巡河】

借助无人机，化身"空中巡查员"，从空中视角观察秋浦河两岸聚落分布及自然景观。教师介绍秋浦河西面秋江街道的村落及水田分布，秋浦河东面的杏花联圩（蒋家圩、李家圩、下丰赛圩），以及秋浦河大桥、入江口位置，引发学生对秋浦河与两岸居民关系的思考，为"聆听秋浦往事"活动作铺垫（图5-5）。接着，

图5-5 无人机巡河及教师讲解

在无人机实时画面中重点观察河心洲全貌，以李白的"三山半落青天外，二水中分白鹭洲"诗句切入，组织学生对河心洲的形成过程、原因及变化趋势展开讨论。

【聆听秋浦往事】

秋浦河两岸分布着大小村镇，教师以典型案例解说河流对聚落形成的影响。以"秋浦田舍翁，采鱼水中宿"诗句引发学生思考：除了水产供给之外，孕育了淳朴的池州人民的秋浦河还有哪些功能？带领学生分组走访秋浦河（杏花村段）两岸居民，了解人们如何与河流相伴而居。

> 建议访谈提纲如下：
> （1）秋浦河历史上的样貌与今天的对比，有没有遭受过破坏？
> （2）秋浦河如何满足两岸居民生产、生活用水需要？
> （3）历史上两岸居民靠水而作，主要种植哪些农作物，有哪些灌溉用水的工具？
> （4）在汛期与枯水期，秋浦河是否有调节流量季节变化的举措，尤其是洪水期间两岸居民是否遭受过洪涝灾害？
> （5）秋浦河上下游、左右岸相通，两岸居民过去与现在出行方式有什么变化？
> （6）秋浦河两岸居民的渔业与农耕文明古今对比有什么异同？
> ……

走访结束，请学生总结秋浦河的功能（灌溉、防洪、航运、调节气候等），其中，河流的灌溉功能对两岸农事活动的影响非常大。视课程时长，教师可适当介绍农灌工具的类型及工作原理（关联《四季农耕物候》中"水车的奥秘"课程单元）。

4.分享（20分钟）

学生分组汇报秋浦河居民走访调查结果，总结历史上秋浦河两岸居民依水而居的生活方式，梳理河流的功能及对人类活动的影响。

教师讲解人类依水而居，靠水而作，形成聚落，再由水而兴，可谓"一方水土养一方人"，引导学生自觉思考人类该如何与自然相处。

5.总结（5分钟）

总结秋浦河不同季节的水文和景观差异。

总结"河流是塑造地表形态的重要外力"这一论断，以及河流凹岸侵蚀、凸岸堆积的形成过程，秋浦河漫滩的形成原因，河漫滩的生态和防洪价值。

总结河流对两岸居民的生产、生活的影响，明确其重要性。

课程三 "河"我一起，护秋浦

【知识准备】

🌲🌲 秋浦河水患灾害

因特殊的地形和气候条件，秋浦河流域具有"丰枯不均、洪涝为主、兼有旱灾"的水患灾害特点。

秋浦河流域内支流众多，洪水与降雨密切相关，具有历时短、汇流快、洪峰尖高的特点。中上游段洪水主要受流域暴雨洪水影响，中下游段受流域暴雨洪水和长江回水洪水双重影响，历史上洪涝灾害频发，给沿河两岸造成了巨大损失。1995年"5·28"洪水，流域内普降暴雨，沿河两岸村庄被冲，田畈被淹；1998年"6·26"洪水，秋浦河河水猛涨，致使石台县城被淹；2010年杏花联圩堤防多处漫顶，圩内受淹面积达4000余亩[①]。

自20世纪90年代以来，由于气候干旱，秋浦河河道也曾一度断流，生态系统遭到不同程度破坏，水生态问题较为突出。重现秋浦河水清岸绿的美景，把秋浦河修复好、利用好、发展好，成为沿岸人民的美好夙愿。

🌲🌲 秋浦河防洪治理

目前，秋浦河（杏花村段）按50年一遇设计洪水位，结合秋浦河两岸的地形特点、工程现状及区域路网规划等条件，因势利导，采取低山丘陵、路堤结合等方式形成完整防洪封闭圈。其中，路堤结合段要求设计路面高程均在洪水位1米以上，严格控制临水侧建筑物的基址高程，防洪堤岸工程长12.9千米。

🌲🌲 秋浦河水环境治理

秋浦河是通江河流，在长江入口段对水质保护尤为重视，通过控源截污、河道清淤、水质净化、引水活水等多措并举，水环境得到有效改善，目前水质良好，达到《地表水环境质量标准》（GB 3838—2002）中规定的Ⅲ类水质标准。水环境治理具体措施如下：

（1）禁止河滩放牧，禁止向秋浦河直接排放生产生活和工业污水。

（2）组织人员定期开展河道清淤、清障行动，以改善水质。

（3）加强周边农业面源污染的治理，严控农药化肥的使用，控制进入秋浦河水体氮、磷总量。

（4）在秋浦河景观道路沿线合理设置垃圾箱和修建卫生设施，及时清理河岸各类垃圾，控制旅游带来的污染。

（5）建设生态河堤，恢复水生植被，通过建立完善的水岸生态系统拦截进入秋浦河的污染物质。

（6）为避免对水鸟等野生动物造成干扰，秋浦河（杏花村段）不开发水上游览交通线路。

---

① 1亩=0.0667公顷。以下同。

🌲 水岸保护与保育

在湿地这个充满生机的世界中，水陆交界处的生态系统发挥着关键作用，高低错落的浅坡为不同生物提供栖身之所。因此，秋浦河护岸工程在满足防洪防涝、快速排水等功能的同时，其生态价值也被高度重视，以确保湿地生态系统的稳定和可持续发展。

生态驳岸有不同类型，其共同特征是模仿自然河岸的"可渗透性"特点，保持自然岸线的通透性及水陆之间的水文联系，同时具有符合工程要求的稳定性和强度。对于坡度较缓且对防洪要求不高的秋浦河水岸，通过营造近自然状态下的植被群落来保护水岸，主要通过植被发达的根系来稳固堤岸；对于有一定坡度且对防洪要求较高的秋浦河区域，除种植植被外，还采用天然石材、木材护底，如在坡脚采用石笼、木桩或浆砌石块（设有鱼巢）等护底，以增强堤岸抗洪能力。

河流缓冲带指河水、陆地交界处两边直至河水影响消失为止的地带，是河流生态系统的重要组成部分，具有减少水流对河岸土壤的侵蚀、调节洪水、净化河流水质、维持碳氮磷等物质循环、维护生物多样性和保持生态系统完整性等多项功能。秋浦河（杏花村段）河流缓冲带长度约为13千米，水中生长各种藻类、鱼类、虾类和蟹类，沿岸水域种植芦苇、菖蒲、鸢尾等水生植物。繁茂的绿树草丛不仅是昆虫、鸟类觅食嬉戏的乐土，进入水中的植物根系还为鱼类产卵、幼鱼栖息提供了场所，形成物种丰富、水陆共生的自然生物群落。

🌲 秋浦河（杏花村段）水利设施

秋浦河（杏花村段）涉及圩口包括天生圩和杏花联圩。天生圩圩区面积9.4平方千米，汇水面积43.4平方千米，区域涝水主要靠天生圩调蓄后，适时排入秋浦河；杏花联圩由下丰赛圩、李家圩及蒋家圩组成，区域汇水面积5.0平方千米，三处圩口水面面积共计0.48平方千米。经水利部门批准，杏花村文化旅游区已开展水系贯通工程，将杏花联圩与秋浦河连接起来，以保持杏花村省级湿地公园的水循环；为了合理引水与防汛排涝，进行设闸管理，沿途水利设施有天生湖二站、蒋家圩进退洪闸、杏花联圩抽引泵站等（图5-6～图5-10）。

图5-6 蒋家圩进退洪闸

图5-7 杏花联圩抽引泵站

图5-8 下丰赛圩进水口

图5-9 唱晚亭补水管道

图5-10 下丰赛圩排涝出水涵

天生湖二站，位于杏花村省级湿地公园内，堤外为秋浦河滩地，堤内为湖区，在汛期可充分发挥预排、预降、自排的功能，通过秋浦河将洪水排入长江，以提高区域的排涝抗灾能力（图5-11、图5-12）。泵站建筑物主要包括前池、泵房、压力水箱、排涝出水涵等。前池总长22米，通过1:5斜坡段与现状地形相接，末端与站身进水室连接，净宽15.2米，底高程4.6米。泵房为堤后式，安装有4台800ZDB-100型潜水泵，配4台YQGN740-10型电动机，单台水泵进水室净宽2.8米。出水侧设压力水箱，压力水箱末端与排涝出水箱涵连接，箱内设置3个分流墩。泵站为闸站结合式，进水流道前布设检修闸及拦污栅。排涝出水涵1孔，设1扇防洪闸门，由固定卷扬式启闭机控制。

图5-11　天生湖二站检修闸

图5-12　天生湖二站泵房

【课程目标】

了解秋浦河（杏花村段）生态治理的核心理念、关键工程、重要举措，理解河流对于维持生态平衡和生物多样性的重要性；通过水质检测实验，了解秋浦河（杏花村段）水质状况和影响因素；通过"守护母亲河"专题调研，探究河流湿地生态保护和修复的措施，引导学生节约水资源、爱护水环境，树立人水和谐共生的环境保护理念。

【研学地点】

可持续环境教育中心、秋浦河沿岸。

【活动时长】

120～150分钟。

【辅助教具】

海绵、水桶、水质采样器、烧杯、pH试纸、悬浮物浊度仪、电导率仪、溶解氧仪等。

【教学流程】

1. 导入（10分钟）

开展"海绵吸水"游戏，学生按小组进行接力跑。第一位学生在起点低头转五圈，然后绕路障跑至终点，用海绵在水桶里吸水，运回起点后将海绵里的水挤到水桶中，然后将海绵传递给下一位学生，依次进行。当规定的时间结束时，学生停止运水，比较哪组运的水最多。导入新课，取水不易，应节水护水，激发学生争当河流卫士、守护秋浦河的责任感。

2. 构建（25分钟）

【会呼吸的秋浦河】

教师对比展示秋浦河昔日"溪流澄碧长秋"与如今遭受不同程度破坏的鲜明照片，深刻揭示河流生态修复的必要性。介绍秋浦河防洪治理工程、秋浦河水环境治理工程、水岸保护与保育工程等实施背景、具体措施以及实施成效；重点解说"生态牌"是秋浦河治理的关键和核心，秋浦河治理应摆脱渠化、硬化的处理方式，顺应生态自然，畅通河流呼吸，因地制宜采取水系沟通、河底清淤、河道清障、岸坡整治、堤防加固、缓冲带绿化等措施，恢复并提升河流的综合功能，达到人水和谐、持续发展的目标。引导学生深入思考：河道为何不应被硬质化？硬质化河道会带来哪些危害？

3. 实践（60~90分钟）

【打卡排涝泵站】

教师带领学生小组依次到访下丰赛圩、天生湖二站，阐述杏花联圩与秋浦河水系贯通工程的背景与目的。在参观过程中，结合研学手册中的水利知识趣味问答，讲解泵站前池、拦污栅、检修闸门、泵房、排涝出水涵、防洪闸门等设施及其功能。活动现场可启发性提问：如前池浮桥下设置拦污栅有什么作用（拦污、保护鱼苗）；进水口有4孔，为什么只设置1扇闸门（检修闸门，由移动式门启闭机控制）；工作人员如何进行水泵设备检修等。教师小结，秋浦河自古以来就为两岸居民承担了防洪、灌溉等功能，"水利万物而不争"，人们巧借水势和地势修建的秋浦河水利工程，成为人水和谐共生的生动实践。

【水质检测实验】

精心选择秋浦河（杏花村段）水样采集地点，在确保安全的前提下，教师指导学生使用水质采样器从河中取水，并对水样进行编号。引导学生仔细观察，将水样温度、颜色、悬浮物、气味、周围植物等信息填写在采样记录表中。教师讲解和演示pH试纸、悬浮物浊度仪、电导率仪、溶解氧仪等仪器设备的操作方法，学生分组检测水样的pH、浊度、电导率、溶解氧含量等指标数据，为秋浦河（杏花村段）水质"把脉号诊"。引导学生对照水质标准，了解秋浦河（杏花村段）的水质状况，分析水质优劣的原因，从而增强学生保护水资源、保护河流生态环境的意识。最后，分组撰写秋浦河（杏花村段）水质检测报告。

⋄ pH：按我国标准，Ⅲ类地表水环境pH标准限定为6.0~9.0，生活饮用水的pH标准限定为6.5~8.5。

⋄ 浊度：浊度越低，表示水中悬浮物越少，水质越好。

⋄ 电导率：电导率越低，说明水中的杂质和溶解物质越少，水质越好。

⋄ 溶解氧含量：溶解氧含量越高，说明水体中的氧气充足，符合水生生物的生存需要。

【守护母亲河】

水是生命之源，秋浦河湿地与长江连通，是池州重要的水源涵养区、生态屏障、生态廊道和城市行洪、泄洪区，守护母亲河就是守护一方生态环境。教师指导学生分组开展"守护母亲河"专题调研，考察梳理当前秋浦河（杏花村段）已有的保护与治理措施，分析其取得的成效并提出改进建议，形成"守护母亲河"调研报告。

调研课题建议如下。

（1）秋浦河水环境治理：根据水质检测结果，调查秋浦河水资源保护的具体举措，重点观察水上交通、与杏花村内湖泊的水系连接、防汛排涝站、河滩垃圾、生态河堤、生活污水和农业用水排放等领域，分析秋浦河水资源保护现状及有待提升之处。

（2）会呼吸的生态驳岸：规划中的秋浦河生态护岸的设计模拟了自然湖岸的植物分布规律和景观特点，又根据不同区域的水环境管理需求进行了针对性的设计，兼顾生态功能和环境安全。调查现实中的秋浦河不同的驳岸类型、适用区域及建设模式，分析其在保护河流湿地生物多样性方面扮演的角色。

（3）河流缓冲带植被：秋浦河水体与陆地之间的过渡带建设了乔、灌、草相结合的立体植物带，为昆虫、鸟类、鱼类栖息提供了场所，是保护秋浦河生态环境安全的一道绿色生态屏障。调查秋浦河缓冲带植被具体类型，分析其在拦截污染、净化水体、提升生态系统完整性方面的重要作用。

备注：如果研学对象来自其他城市，"守护母亲河"名称建议改为"守护秋浦河"或"守护诗之河"。

4. 分享（20分钟）

学生分组汇报"守护母亲河"调研报告，汇总秋浦河水环境治理及河岸生态重生的措施、成效和提升建议。

根据各组调研专题内容，以小组接龙的形式完成"小小河长"守护秋浦河宣誓词的撰写，最后齐声朗诵、共同承诺，从一点一滴做起，节约水资源，爱护水环境，树立人水和谐共生的环保理念。

宣誓词示例：

"我宣誓，我将以小小河长的身份，从小事做起，珍惜水资源，爱护水环境，保护水生态，守护秋浦河碧水清波，为建设'最美家乡河'而共同努力！"

宣誓人：某某某

5. 总结（5分钟）

总结河流对于维持生态平衡和生物多样性的重要性。

总结秋浦河生态治理的核心理念、关键工程和重要举措。

引导学生将"守护秋浦河"的口号转化为具体行动，为守护青山绿水、构建水生态文明贡献力量。

（三）闭营仪式

1. **地点**：可持续发展教育中心。

2. **活动时长**：30分钟。

3. **活动内容**：展示学生研学的精彩瞬间；评选优秀团队，颁发奖品；学生代表分享交流；进行研学总结，升华主题内容，培养学生保护生态、珍惜生命、热爱自然等情感和价值观念；全员合影留念，致欢送词。

第六章 四季农耕物候

一、课程概况

（一）课程背景

农耕文化是中国传统文化之一，二十四节气蕴含着古人智慧。杏花村的农耕文化历史悠久，不仅呈现在牧童田间的画面中，还深深植根于杏花村的历史传承中，堪称江南农耕文化典范。杏花村湿地融农业种植、休闲度假、文化体验为一体，通过适时举办"春耕大典"等节庆活动，呈现其独特的乡村风貌，再现传统农耕文化。

本主题研学课程将农耕文化与节气物候相结合，紧密围绕"四季农耕物候"的研学主题，让学生在亲近自然中了解四季物候，感悟传统文化之美；在探秘传统农具中，感悟农业文明中蕴含的伟大智慧；在体验农事活动中，提升劳动素养，提高劳动的积极性；在参与粮食安全的讲座中，思考农业发展，共同守护农业之基。

（二）研学对象

主授对象： 四~六年级学生。

学情分析： 该年龄段学生具备一定的农业基础知识，了解一些日常生活中常见的农作物和农具学名，但缺乏系统深入的学习。该学龄段学生求知欲、好奇心和逻辑思维能力不断增强，开始独立思考与探索，有自己的见解，相较于纯粹的知识传授，他们更喜欢走进自然，观察农作物的生长，参与农事体验。寓教于乐的体验式活动，让学生在实践中深入理解农事知识，不断提升自身能力。

（三）教学目标

🌲🌲 总体目标

1. 了解二十四节气的起源和内涵，掌握节气与农耕物候之间的关系；

2. 认识常见农具，掌握农具基本特征、用途和使用方法，学会基本农事操作，了解耕种基本常识，培养学生尊重劳动、热爱劳动的精神；

3. 掌握水车运作的科学原理，学会制作水车模型，体悟农业文明蕴含的卓越智慧，引导学生树立科学思维；

4. 理解传统农具在农业生产中的重要作用，重视并传承它们的优秀文化内涵；

5. 了解水稻的演变历史和生长周期，通过访谈当地农民、开展粮食安全讲座，引导学生关注粮食安全，培养勤俭节约、珍惜粮食的观念。

🌲🌲 涉及《指南》中的环境教育目标

环境意识： 欣赏自然的美；运用各种感官感知环境和身边的动植物；感知、说出身边自然环境的差异和变化。

环境知识： 列举各种生命形态的物质和能量需求及其对生存环境的适应方式；理解经济发展需要合理利用资源，并与生态环境相协调。

环境态度： 尊重生物生存的权利；珍视生物多样性，尊重一切生命及其生存环境；认识自然规律，摆正人与自然的关系，追求人与自然和谐共生。

技能方法： 学会思考、倾听、讨论；就身边的环境提出问题。

环境行动： 能从自身开始，做到简单的环保行动，并在校园和家庭生活中落实；能够表达自己的环境保护的观点，并以宣传或引导的方式影响他人做出行为改变。

🌲🌲 与《课标》的联系

小学语文： 养成留心观察周围事物的习惯，有意识地丰富见闻，珍视个人独特感受，积累习作素材；学会感受中国传统文化之美，提高想象力、创造力和文化素养。

小学科学： 尊重自然、热爱自然，具有保护环境的意识和社会责任感；保持对科学的探究，培养一定的创新思维。

初中历史： 了解并认同中华优秀传统文化，认识中华文明的历史价值和现实意义，增强民族自尊心、自信心和自豪感。

🌲🌲 核心素养

审美情趣、理性思维、勇于探究、社会责任、国家认同、劳动意识等。

（四）知识链接

1. 关联学科

人教版语文二年级下册《二十四节气歌》；

人教版科学六年级上册《三黑和土地》；

人教版科学五年级下册《四季的形成》《简单机械》；

人教版历史七年级上册《原始农耕生活》。

2. 知识推荐

（1）纪录片

《二十四节气》《寻古中国·稻谷记》《新时代农机手》

（2）书籍

柏芸. 中国古代农具[M]. 北京：中国商业出版社，2015.

陈友订,刘传光,周新桥.水稻生态育种学概论[M].广州:广东科技出版社,2023.
董峻,傅晓航.杂交水稻之父袁隆平[M].南宁:广西科学技术出版社,2019.
高春香,邵敏.这就是二十四节气[M].北京:海豚出版社,2019.

（五）课程特色

课程围绕"节气与农耕""农具寻宝记""水车的奥秘""水稻的一生"4个模块展开，带领学生知农之事、体农之趣、解农之秘、守农之基，由表及里，层层深入。

课程通过趣味猜谜、诗歌诵读、实地考察、访谈调研、诗词创作、亲身体验、模型制作等寓教于乐的方式，激发学生的学习热情，全面提升创新思维和实践能力，促进核心素养的养成。

二、课程体系与行程安排

（一）课程体系

本主题研学课程体系见图6-1。

图6-1 "四季农耕物候"研学课程体系

（二）行程安排

"四季农耕物候"研学课程共计2天，具体行程安排见表6-1。

表6-1 研学行程安排

时间		名称	研学地点	研学内容
第一天	8:30—9:00	开营仪式	可持续发展教育中心	1. 介绍课程内容； 2. 明确纪律与要求； 3. 破冰游戏。
	9:00—11:30	节气与农耕	乐耕园	1. "节气知多少"问题导入； 2. 参与"节气作物连连看"游戏，思考和学习二十四节气与农耕物候的相关知识； 3. 参与趣味猜谜游戏，加深学生对农作物的认知； 4. 绘制乐耕园中的农作物地图。
	14:00—17:00	农具寻宝记	可持续发展教育中心、五谷堂、乐耕园	1. 观看教学视频和现场参观五谷堂的传统农具，了解农具的概念和发展历程； 2. 参与"寻农大侦探"游戏，更清晰、深刻地认识农具； 3. 参与"农具的前世今生"配对游戏，了解农具的变迁史； 4. 参加农事体验活动，提高劳动技能； 5. 创作田园主题打油诗。
第二天	09:00—11:00	水车的奥秘	可持续发展教育中心、五谷堂	1. 五谷堂附近实地参观水车，近距离感受和体验水车的奥秘； 2. 以视频播放和PPT讲解的方式探秘水车，了解水车的结构原理、运作原理； 3. 制作水车模型。
	13:00—16:00	水稻的一生	可持续发展教育中心、稻虾养殖基地	1. 分发"水稻知多少"调查表，评估和导入课程； 2. 观看纪录片《水稻的一生》，了解水稻的故事； 3. 进行水稻系列探究性问题探索，对话当地农民； 4. 体验用大米制作饭团； 5. 粮食安全讲座。
	16:30—17:00	闭营仪式	可持续发展教育中心	1. 回顾研学活动精彩瞬间； 2. 评选优秀团队，颁发奖品； 3. 学生代表分享交流； 4. 全员合影留念。

三、课程内容

"四季农耕物候"主题研学课程一共包括开营仪式、节气与农耕、农具寻宝记、水车的奥秘、水稻的一生、闭营仪式6个阶段。

（一）开营仪式

1. 地点： 可持续发展教育中心。

2. 活动时长： 30分钟。

3. 内容： 教师介绍本次研学活动的主题、内容和行程安排，明确研学活动纪律、安全、学习等方面的要求；带领学生开展"破冰游戏"，构建合作互助的良好氛围，引导学生尽快投入即将开展的研学活动。

（二）课程单元

课程一 节气与农耕

【知识准备】

二十四节气

二十四节气起源于黄河流域，是中国古代制定的一种用于指导农事的补充历法，是传统农业文明的标志性成果。早在春秋时期，仲春、仲夏、仲秋、仲冬4个节气便已确立，简称"两至两分"。此后，依据"两至两分"，确立春、夏、秋、冬4个季节的起始节点，分别为立春、立夏、立秋、立冬。在此基础上，根据季节气候及物候变化特征，每个季节又衍生出4个节气，最终构建了完整的二十四节气。从西汉起，二十四节气被历代沿用，指导农业生产不违农时，按节气安排农活，进行播种、田间管理和收获等农事活动。几千年来，二十四节气一直是深受农民重视的"农业气候历"，也是传统历法体系重要的组成部分，在国际气象界，这一时间认知体系被誉为"中国的第五大发明"。2016年11月30日，中国"二十四节气"正式列入联合国教科文组织《人类非物质文化遗产代表作名录》。

二十四节气是中国古代根据气候对一年进行的节令划分，即指立春、雨水、惊蛰、春分、清明、谷雨、立夏、小满、芒种、夏至、小暑、大暑、立秋、处暑、白露、秋分、寒露、霜降、立冬、小雪、大雪、冬至、小寒和大寒。其具体寓意如表6-2所示。

表6-2 二十四节气及其寓意

序号	节气	寓意
1	立春	立是开始的意思，立春就是春季的开始
2	雨水	降雨开始，雨量渐增
3	惊蛰	指春雷乍动，惊醒了蛰伏在土中冬眠的动物
4	春分	分是平分的意思，春分表示昼夜平分
5	清明	天气晴朗，草木繁茂

（续表）

序号	节气	寓意
6	谷雨	雨生百谷，雨量充足而及时，谷类作物能茁壮成长
7	立夏	夏季的开始
8	小满	麦类等夏熟作物籽粒开始饱满
9	芒种	麦类等有芒作物成熟
10	夏至	炎热的夏天来临
11	小暑	暑是炎热的意思，小暑就是气候开始炎热
12	大暑	一年中最热的时候
13	立秋	秋季的开始
14	处暑	处是终止、躲藏的意思，处暑表示炎热的暑天结束
15	白露	天气转凉，露凝而白
16	秋分	昼夜平分
17	寒露	露水已寒，将要结冰
18	霜降	天气渐冷，开始有霜
19	立冬	冬季的开始
20	小雪	开始下雪
21	大雪	降雪量增多，地面可能积雪
22	冬至	寒冷的冬天来临
23	小寒	气候开始寒冷
24	大寒	一年中最冷的时候

🌲🌲 二十四节气代表性诗歌

二十四节气歌

春雨惊春清谷天，夏满芒夏暑相连。

秋处露秋寒霜降，冬雪雪冬小大寒。

每月两节不变更，最多相差一两天。

上半年来六廿一，下半年是八廿三。

乐春吟

（宋）邵雍

四时唯爱春，春更家春分。

有暖温存物，无寒著莫人。

好花方蓓蕾，美酒正轻醇。

安乐窝中客，如何不半醺。

清明

（唐）杜牧

清明时节雨纷纷，路上行人欲断魂。

借问酒家何处有，牧童遥指杏花村。

🌲 二十四节气与农耕

二十四节气作为时间认知体系，源于中国民众的生产生活实践，与自然节律、农耕生活紧密相连，是古代农耕文明的产物。二十四节气为农民提供了重要的农事活动指导和自然规律的参考，对农耕活动有着重要的指导作用。例如，雨水意味着开始下雨，农民可以安排春耕播种；立夏标志着夏天的开始，可以安排夏季作物的种植和管理。此外，二十四节气相关谚语"清明早，小满迟，谷雨种棉正适时""小麦点在寒露口，点一碗，收三斗""寒露收豆，花生收在秋分后"等，易懂易记又明确具体，是中国民众在长期生产生活实践中的智慧总结。

二十四节气显示了气候、气象对农耕生产的影响，如"立春三场雨，遍地都是米""立夏东南风，大旱六月中""雷打秋，晚冬一半收""大雪寒梅迎风狂，冬至瑞雪兆丰年"，这些气象谚语提醒人们在生产上要早预防，在生活上要早准备，要开展适时而科学的农耕生产活动。从这个意义上说，二十四节气有着指导生产实践、提升生活质量的作用。

二十四节气是古人对自然时间与农耕生产关系的精准把握，体现了中华民族传统农耕社会的生活经验和文化记忆，蕴含着丰富的生活智慧。在农业现代化的背景下，虽然我们有了更多关于气候和农业的科学知识，但二十四节气并未过时。

二十四节气与农作物种植谚语

- 谷雨前后，种瓜点豆。
- 谷雨种棉家家忙，棉花种在谷雨前，开得利索苗儿全。
- 过了谷雨种花生，秋分时节收花生，晚了果落叶归空。
- 清明麻，谷雨花，立夏栽稻点芝麻。
- 处暑就把白菜移，十年准有九不离。
- 秋分种，立冬盖，来年清明吃菠菜。
- 白露种葱，寒露种蒜，秋分种小葱，盖肥在立冬。
- 冬至油菜，年大麦。

勤劳智慧的劳动人民根据节气安排农事活动，不仅积累了丰富的农事生产经验，还巧妙地创作出以农作物为谜底的谜语（表6-3）。这些谜语朗朗上口又饶有风趣，蕴含着丰富的农业知识。

表6-3 农作物谜语一览

谜面	谜底
幼儿不怕冰霜，长大露出锋芒，老来粉身碎骨，仍然洁白无双。	小麦
一物生得真奇怪，腰里长出胡子来，拔掉胡子剥开看，露出牙齿一排排。	玉米
青枝绿叶红梗芽，一树开了两色花，先开金花结玉果，后开银花落我家。	棉花
春穿绿衣秋黄袍，头儿弯弯垂珠宝，从幼到老难离水，不洗澡来只泡脚。	水稻
成片小树长田中，结的籽儿红又红。能当饭吃能酿酒，扎成笤帚搞卫生。	高粱
地上红蔓绿叶儿，一下一窝土豆儿，剥开皮皮红瓤瓤儿，烤熟直流蜜糖儿。	红薯
青青藤儿开黄花，外面白袄内红纱，地上开花不结果，地下结果不开花。	花生
撒个漫天花，长得个子大，开花节节爬，结个八棱瓜。	芝麻
远望紫竹林，近看角黍形，年轻穿绿袄，老大穿红袍。	辣椒
半截白，半截青，半截实来半截空，半截长在地面上，半截长在土当中。	葱
弟兄七八个，围着柱子坐，只要一分开，衣服就扯破。	蒜
红公鸡，绿尾巴，身体钻到地底下，又甜又脆营养大。	胡萝卜
不是葱不是蒜，一层一层裹紫缎，说葱比葱长得矮，像蒜就是不分瓣。	洋葱
绿枕头，中间空，包的棉絮蓬蓬松。	冬瓜
生长需棚架，小龙上面挂，小时可做汤，老了把锅刷。	丝瓜
身穿着蓑衣，肉儿香又甜，脱去那蓑衣，就会手儿痒。	芋头
茎儿许多根，果子泥里存，没花也没叶，没枝也没根。	荸荠
一个黄妈妈，一生手段辣，老来愈厉害，小孩最怕他。	生姜
身子长，个不大，遍体长着小疙瘩，有人见了皱眉头，有人见了乐开花。	苦瓜
水中撑绿伞，水下瓜弯弯，掰开瓜看看，千丝万缕连。	莲藕
紫色树，开紫花，开过紫花结紫瓜，紫瓜里面装芝麻。	茄子
红嘴绿鹦哥，吃了营养多。	菠菜
头戴雉鸡毛，身穿绿旗袍，只怕肚子大，性命就难保。	茭白
红梗子，绿叶子，开白花，结黑子。	荞麦
身材瘦瘦个儿高，叶儿细细披绿袍，别看样子像青蒿，香气扑鼻味儿好。	芹菜
紫藤绿叶满棚爬，生来就开紫色花，紫花长出万把刀，又作药用又吃它。	扁豆
白公鸡，绿尾巴，一头钻进泥底下。	萝卜
瘦长的身材，翠绿的皮肤，全身是疙瘩，丑了自己美了别人。	黄瓜
圆圆脸儿像苹果，又酸又甜营养多，既能做菜吃，又可当水果。	西红柿
一顶小伞，落在林中，一旦撑开，再难收拢。	蘑菇

🌲 节气与饮食

袁枚在《随园食单·须知单》的"时节须知"中写道:"夏日长而热,宰杀太早,则肉败矣。冬日短而寒,烹饪稍迟,则物生矣。冬宜食牛羊,移之于夏,非其时也。夏宜食干腊,移之于冬,非其时也。辅佐之物,夏宜用芥末,冬宜用胡椒……有过时而不可吃者,萝卜过时则心空,山笋过时则味苦,刀鲚过时则骨硬。所谓四时之序,成功者退,精华已竭,褰裳去之也。"这段话从加工、调味、食材等方面论述了饮食与时节的关系。

"不时不食,顺时而食"是中华民族悠久的传统习俗:要应时令、按季节,在适当的时间选择合适的食物,这是二十四节气的饮食智慧,也是中国人的养生之道。春季肝气旺盛,为了更好地养脾护肝,不吃酸性、辛辣、高脂肪食物,宜吃绿色春菜;夏天炎热潮湿,容易湿气重,可吃温中散寒、消除湿气的生姜,另外,夏季气温高,人体易出汗,宜多喝水、多吃清淡的食物,以保持体内水分平衡;秋天气候干燥,宜多吃滋阴去燥的食物;冬季寒凉,对于热量的需求大,多吃羊肉、鸡肉等具温补功效的食物。

【课程目标】

了解二十四节气的由来和内涵;认识乐耕园里常见农作物,理解节气与农耕的关系,了解农作物的形态特征和食用价值;参观乐耕园,设计并绘制农场地图;思考自然规律,善待自然、尊重自然。

【研学地点】

乐耕园。

【活动时长】

120~150分钟。

【辅助教具】

农作物卡片、谜语卡片、空白卡纸、笔、记录卡片等。

【教学流程】

1. 导入(10分钟)

"你知道二十四节气的由来吗?知道二十四节气具体是指哪些节气吗?知道二十四节气与农业生产的关系吗?"通过问题导入,激发学生的好奇心和求知欲。

2. 构建（30～40分钟）

【节气知多少】

教师带领学生朗读《二十四节气歌》，赏析节气相关古诗词，讲解地球绕太阳运动的规律及其对四季物候的影响，并详细解读每个节气的文化内涵及传统习俗活动，让学生掌握节气与农耕物候的相关知识，充分感受二十四节气的独特魅力。

邀请学生分享自己最喜欢的农作物，介绍其基本特征和适宜耕种的节气，教师现场点评和补充。介绍"节气作物连连看"和"趣味猜谜"活动流程、规则与要求，讲授农作物地图绘制的方法和要点。

3. 实践（60～70分钟）

【节气作物连连看】

教师带领学生朗读节气与农作物种植顺口溜，引导学生将节气与农作物种植时间进行配对，完成"节气作物连连看"任务单。游戏结束后，教师对学生完成情况进行点评，并解读节气与农作物种植相关知识，使学生深入了解二十四节气适宜耕种的农作物，理解节气与农耕物候间的关联。

【趣味猜谜】

根据前期学习和了解到的农作物知识，开展猜谜语游戏，加深学生对农作物的认知。教师朗读谜面请学生竞答，学生猜出谜底后，教师会展示该农作物的图片，并对谜语进行深度解析。

【手绘农场地图】

教师带领学生走进乐耕园，介绍常见农作物的名称、基本特征、耕种与收获的节气、生长历程、食用方法及功效等。讲解过程中可适当引入诗词典故，并结合电视栏目《舌尖上的中国》的相关内容，帮助学生深入理解农作物知识。

参观结束后，教师发放空白卡纸，让学生把自己当成乐耕园的农场主，就如何规划和开发农场进行思考，并将其设想绘制在农场地图上。

4.分享（10~15分钟）

请学生分享自己绘制的农场地图，介绍其设计理念和思路。

请学生思考"不时不食，顺时而食"的科学依据，讨论分享日常生活中的饮食养生之道。

5.总结（10~15分钟）

总结二十四节气对农业生产的重要指导作用。

总结节气与农耕之间的联系，鼓励引导学生尊重自然规律，增强环境保护意识，参与保护自然、维护生态平衡的行动。

思考人与食物的关系，提出合理膳食搭配的重要性，倡导健康饮食。

课程二　农具寻宝记

【知识准备】

🌲🌲 传统农具的演变

传统农具多指非机械化的工具，是农民在从事农业生产过程中用来改变劳动对象的器具，具有就地取材、轻巧灵便、一具多用、适用性广等特点。

传统农具是中国农业历史发展过程的产物，是农业物质文化的重要组成部分。农具经历了一个不断丰富发展的过程，在材质上，从木石发展为青铜，再进而发展为铁制；在功能上，从原始的掘挖、脱粒工具发展为整地、播种、中耕、灌溉、收获、加工及收藏等多种农具；在动力上，由人力发展为畜力、水力，由简单发展为复杂。

🌲🌲 传统农具的分类

传统农具是农业生产中不可或缺的一部分，它们在不同的历史时期和地域文化背景下，形成了各自独特的分类体系。按照不同的分类标准，可将传统农具划分为多种类型。

按使用功能分类，传统农具可分为耕地整地农具、播种移栽农具、中耕除草工具、灌溉农具、收获农具、运输农具、脱粒农具、粮食加工农具等。其中，耕地整地农具包括锄头、犁、耙等；播种移栽农具包括耧车、播种器等；中耕除草工具包括锄头、铲等；灌溉农具包括水桶、水车等；收获农具包括镰刀、打谷机等；运输农具包括板车、独轮车、箩筐等；脱粒农具包括连枷、石磙等；粮食加工农具包括石磨、木榨等。

按材质分类，传统农具可分为石器农具、铜器农具、铁器农具、木器农具等。石器农具是最早的农具之一，主要使用石头、骨头等天然材料制作；铜器农具出现在青铜器时代，具有更高的耐用性和效率；铁器农具则出现在铁器时代，由于铁的强度和韧性，使农具的使用效果更加显著；木器农具则以木材为主要材料，具有轻便、易制作等优点，适用于一些简单的农业生产任务。

除上述两种分类，传统农具还可按使用地区、历史时期等标准进行分类。不同地域和时期的农具具有各自独特的形态和功能,反映了当时当地农业生产的水平和文化背景。

🌲🌲 常见农具及其用途

犁:农田开垦和耕作的主要工具。用来破碎土块并耕出槽沟,可将土壤翻松、平整,从而为播种做好准备,为作物的生长提供良好的土壤环境。

耙:碎土、平地用的农具,其作用是将耕作过的大土块弄碎、弄平,主要用于平整水田,一般由牛来牵引,是农家必备的主要大件农具之一。

辘轴:20世纪60~70年代以前的牛耕工具,作用在使用犁耙过后平整水田,以利于秧苗的生长。

锄头:在农业生产中,锄头属于多用农具。可用来作垄、盖土、除草及培土作业,保持土壤的透气性和湿度,为作物的生长提供良好的条件。

钉耙:长柄,前头有齿,用铁制成,便于碎土及平土。

镰刀:收割农作物的工具,尤其适用于收割小麦、大麦等谷物作物。它的弯曲刀片可以快速而准确地割断作物的茎秆。

打谷机:稻谷种植农户必备的农具之一,用途是把成熟的稻谷与稻草分离。其工作原理是利用人力或电力,滚动上面装满铁齿的轴轮,使谷粒从稻穗上脱落。

连枷:由一个长柄和一组平排的竹条或木条构成,用来拍打油菜籽、小麦、豆子、芝麻等,使籽粒脱落。

扁担:是长条形挑抬物品的竹木用具,外形简朴,酷似"一"字。当人们挑起重物时,扁担会发生形变,肩膀与扁担的接触面积会加大,从而减小了压强,加上扁担上下颤动,让人更加省力。

箩筐:用竹编制而成,或圆或方,用来盛农作物。可大可小,用一根扁担横着即可挑在肩上。

米筛:用篾条或藤条编制而成,圆形,类似簸箕,不同的是有许多细密的小孔。其用处是通过来回摇动清选粮食。

簸箕：一般是用藤条或竹篾编制，可扬去糠秕等杂物，也可用来晾晒农作物、养蚕等。簸箕除去粮食里面杂质，主要是靠涡流效应将较轻的杂质剥离出去。

板车：是一种便利的交通运输工具，用木制而成，主要使用人力推动滚轮向前行进。

🌲🌲 现代农机

科技是第一生产力。现代农业机械层出不穷，如播种机、施肥机、收割机等，这些现代农业机械大大提高了生产效率，是人类文明的进步。其中，播种机是以农作物种子为播种对象的种植机械，如谷物条播机、棉花播种机、牧草撒播机等。栽植机是按一定的农艺要求栽植秧苗的种植机械，常用的有水稻插秧机、玉米栽植机、蔬菜栽植机等。施肥机主要由机架、肥箱、导向轮、开沟器、排肥机构组成，可将肥料均匀地撒布于土壤表面，使其与根系生长的主要土层混合。割草机是一种用于修剪草坪、植被等的机械工具，由刀盘、发动机、行走轮、行走机构、刀片、扶手、控制部分组成。收割机是一体化收割农作物的机械，可一次性完成收割、脱粒，并将谷粒集中到储藏仓，然后再通过传送带将粮食输送到运输车上。

🌲🌲 田园农耕主题诗词

《悯农二首》
（唐）李绅

春种一粒粟，秋收万颗子。
四海无闲田，农夫犹饿死。
锄禾日当午，汗滴禾下土。
谁知盘中餐，粒粒皆辛苦。

《归园田居》其三
（东晋）陶渊明

种豆南山下，草盛豆苗稀。
晨兴理荒秽，带月荷锄归。
道狭草木长，夕露沾我衣。
衣沾不足惜，但使愿无违。

《四时田园杂兴·其四十四》

（宋）范成大

新筑场泥镜面平，家家打稻趁霜晴。
笑歌声里轻雷动，一夜连枷响到明。

【课程目标】

了解农具演变发展史，认识常见农具，掌握农具基本特征、用途和使用方法；学会基本农事生产的技能，了解耕种基本常识，提高动手能力；思考自然规律，善待并尊重自然。

【研学地点】

可持续发展教育中心、五谷堂、乐耕园。

【活动时长】

150～180分钟。

【辅助教具】

常见农具、研学任务单、教学卡片、团扇、彩笔、圆珠笔、教学视频和PPT等。

【教学流程】

1.导入（10分钟）

设问"在没有电力与机械的农耕社会，劳动人民是如何凭借自己的聪明智慧完成农业耕作的？"提出谜题，如"远看像个牛，近看不是牛，你碰它尾巴，它肚里滚绣球。"通过问题和谜语引出课程主题——"农具"，激发学生的参与兴趣和探索欲望。

2.构建（20～30分钟）

教师以深入浅出的方式向学生发问："你认识哪些农具？它们的特点及用途是什么？"通过这种方式引导学生进行深入思考和讨论。教师总结要点并通过PPT和视频资料，阐述农具发展历程、传统农具的分类以及常见农具的功能和用途等内容。理论教学环节结束后，教师带领学生来到五谷堂，让他们近距离观察和体验传统农具。

带领学生朗读田园农耕主题的古诗词，并以陶渊明的《归居田园》为例，详细解析其创作背景、构思及艺术手法。同时，教授学生诗词创作的步骤和关键要点，使学生初步掌握如何创作田园诗词。提前预告"田园诗趣"活动，请学生做好创作准备。

3.实践（100～110分钟）

【寻农大侦探】

教师将写有农具特征和用途的任务单分发给各组，学生需解析任务单信息，现场寻找相匹配的农具，完成任务单填写。活动结束后，教师进行总结和点评，解答学生的疑问，并说明农具使用场景及名称由来。最后，教师演示扁担挑担、连枷打谷、谷风车筛谷等农具的使用方式，解说农具的结构特点、操作技巧以及蕴含的设计智慧，使学生深刻体会到劳动人民的无穷智慧与创新精神。

【农具的前世今生】

随着现代科技的飞速发展，中国农业生产手段得以持续更新，各类高科技农具不断涌现，农业生产已步入现代化、智能化阶段。在教学过程中，教师展示中国传统农具与现代农具的卡片，邀请学生参与"农具的前世今生"配对游戏。教师通过视频和文字图片解说农具的发展变迁史，让学生更深刻地理解科技发展对农业生产的重要性，引导学生思考讨论传统农具和现代农具之间的关联。

【农事体验】

教师带领学生抵达乐耕园农耕区，参与农事生产活动，并亲身体验平整土地、除草、种植、施肥、灌溉及收获农作物等活动（具体农事活动根据节气适时展开）。

为提高体验效果，现场邀请当地农民进行示范教学，使学生能更深入地了解农具的功能和使用技巧，切身感受劳动人民的智慧，培育学生的劳动精神，使他们体会"粒粒皆辛苦"的真谛。

【田园诗趣】

在乐耕园体验农事活动后，让学生以田园农耕为主题，在宣纸团扇上创作打油诗。鼓励学生结合课程所学，记录自己的所见、所闻、所想，内容形式不限，让学生更好地亲近自然，培养其想象力和创造力。

4. 分享（10~15分钟）

学生比较传统农具和现代农机，讨论分享科技对农业生产的影响。

学生诵读"田园诗趣"作品，分享创作思路、诗词立意和其中蕴含的思想感情等。

学生阐述研学课程中认识的传统农具，分享参与农事体验活动的感悟，教师引导学生树立正确的劳动观。

5. 总结（10~15分钟）

总结传统农具对农业生产的重要性，引导学生珍视传统农具，激发学生传承优秀传统农耕文化的智慧，并从中汲取力量。

总结传统农具发展史，加深学生对农业文明的认知。

总结现代农机与传统农具的联系，强调现代农机的发展并非完全取代传统农具，而是对传统农具的提升和拓展，传统农具在农业生产中仍然发挥着不可替代的作用。

课程三 水车的奥秘

【知识准备】

水车简介

中国自古就是以农立国，与农业相关的科学技术取得了卓越的成就。虽然水利工程作为农业中最不可或缺的一环得到了各朝政府的重视，无论是灌溉渠道还是运河都花费了大量的人力、物力和财力，但不少高地及丘陵还是无法实现自流灌溉，于是我们的祖先发明了一种先进的引水灌溉农具——水车。水车是中国最古老的农业灌溉工具，在提灌和排灌方面发挥了重要作用，是珍贵的历史文化遗产。水车的优点在于它利用自然资源，不需要额外的燃料，是一种保护环境的能源利用方式。然而，水车的应用也受到一定的局限，如水流量的不稳定、水位的波动等因素都会影响水车的灌溉效果。随着科技的发展，水车也被用于发电、磨面、榨油等领域。在现代工业中，水车原理也被广泛应用于涡轮机、水轮机、风力发电机等设备中。

18世纪工业革命以后，随着蒸汽机、柴油机、电动机的发明与普及，作为人类历史上主要提水机械的水车才完成其历史使命，逐渐被现代水泵所取代。

水车发展史

中国正式有记载的水车，可以追溯到远古，那时的水车已含有轮、轴、槽、板等基本机械装置。水车的发展到了唐宋时代，在轮轴应用方面已有很大的进步，能利用水力为动力，制作出"筒车"，可以低水高送。到了元明时代，轮轴的发展有了更大的进步。一架水车有多至3组齿轮，出现了"水转翻车""牛转翻车"等，可以依风土地势交互为用，提高了翻车的利用效率。翻车自发明以来，一直使用人力转动。至此,人们通过利用水力和兽力为驱动,使人力终于从翻车脚踏板上解放出来。

🌲🌲 水车的雏形——桔槔

水车出现之前,中国劳动人民发明了一种用于田间灌溉的原始汲水工具"桔槔"。桔槔俗称"吊杆""称杆",是一种利用杠杆原理的取水工具,从商代起便广泛用于农业生产灌溉。它是由一根直杆和一根横杆组成,当中是支点,直杆一端固定在地面上,横杆的末端悬挂一个重物,而其前端悬挂一个水桶,水桶在直杆上滑动,通过杠杆原理的重力作用,轻松地取水。桔槔方便实用,且节省人力、物力,深受群众喜爱。桔槔不仅是一种取水工具,也是中国古代科技文化的象征,展示了劳动人民对机械原理和物理规律的深刻理解。

🌲🌲 水车的分类

从动力来源看,水车可分为人力水车、畜力水车、水力水车和风力水车等类型。人力水车通常由人手动转动轮子或链条,以驱动水车的运行。畜力水车则是由牛、马等动物拉动,通过传动装置驱动水车转动。水力水车则是利用水流的力量来驱动水车转动,常见于河流或溪流旁。风力水车,也称为风车,是利用风力驱动水车转动的一种形式,常见于风力资源丰富的地区。

按工作原理,水车主要分为以链转动为主的龙骨水车和以轮转动为主的筒车。其中,龙骨水车的制作材料多为木头和竹子,形似龙骨,故名龙骨水车。其主要由车身、轮轴、链轮和龙骨构成,工作原理是利用链轮循环传动,带动水槽内的刮板翻转,从而将低处的水引向高处。龙骨水车的出现大大提高了灌溉效率,也解决了地势较高、水源不足地方的灌溉难题。筒车,又叫水力筒车、高车,通常由一个水平轴、一组木轮和一组水筒组成,是一种以水流作动力、取水灌田的工具。筒车的水轮直立于河边水中,当引水沟的水流冲动车轮叶时,水斗也同时进水,车轮转动,将一斗斗水提升至顶高,而后倾入水槽灌溉农田。

【课程目标】

通过课程学习，了解水车的演变历程及类型；通过观察和体验，掌握水车的结构特征及运作原理；掌握水车制作的原理，学会制作水车模型，从中体悟农业文明所蕴含的智慧，引导学生树立科学思维。

【研学地点】

可持续发展教育中心、五谷堂。

【活动时长】

90～120分钟。

【辅助教具】

教学视频和PPT、水车模型、水车制作教学视频和配套材料等。

【教学流程】

1.导入（10分钟）

日常生活中的诸多现象，如开启水龙头即可洗净双手、落叶随水漂流、河中石头日益变得圆润光滑，都揭示了水流的力量。古代先民利用水流的动力发明了哪些水力机械？引导学生思考讨论，引入水车课程。

2.构建（20～30分钟）

【初识水车】

在可持续发展教育中心，教师借助PPT和视频分享在没有电力和机械的农耕社会，古人发明水车，利用水流的力量实现农田的灌溉和排水。详细介绍水车的发展历史和演变阶段，强调水车的发明改变了人们靠天吃饭的状态，是人类利用自然水利灌溉的一部杰作。

重点展示龙骨水车和筒车模型，讲解两种类型水车的结构特征和工作原理。龙骨水车主要由车身、轮轴、链轮和龙骨等部分组成，当水流冲击水轮时，水轮会带动龙骨转动，龙骨上的刮板则将木槽中的水提升到高处从而实现灌溉。而筒车则是通过水流的冲击力使筒体旋转，从而将低处的水提升到高处。

对比当下的智慧水资源灌溉方式给农业带来的便利，培养学生应用科学方法去解决实际问题的能力。

3.实践（40~50分钟）

【体验水车】

带领学生前往杏花村五谷堂附近的水车处，近距离观察龙骨水车和筒车，在教师的指导下亲自体验操作水车的过程，感受水流的冲击和水车的转动。通过沉浸式体验，让学生了解水车的结构与运作原理，感受古人的智慧。

【制作水车】

教师将制作水车模型的材料分发给学生，并详细介绍制作流程及安全操作规范。教师指导学生参照操作示意图动手制作简易的水车模型，使学生对水车的结构及原理有更为深入地认知，体会实践的乐趣与成就感。

4.分享（10~15分钟）

邀请学生对"水车的奥秘"课程作一个完整的阐述，分享活动的感受。

邀请学生展示其制作的水车模型，介绍各部件的名称、功能及运作原理，分享对水车精神的理解。

围绕"古人是如何利用水资源，水车除了灌溉排水还可以运用到哪些领域"展开思考，引导学生讨论分享。

5.总结（10~15分钟）

总结水车发展演变史、结构特征及运作原理，感受劳动人民的农耕智慧。

总结水车在农业发展中的重要地位及其技术革新，引导学生理解以水车为代表的传统农具对历史发展的意义。

引导学生学习和传承劳动人民不畏艰难、勇于创新、团结协作的精神，为科技发展贡献力量。

课程四 水稻的一生

【知识准备】

🌲 水稻知识

水稻是禾本科稻属的一种农作物，属谷类，由根部、茎部、叶片和稻谷几个部分组成（图6-2）。水稻是世界上重要的粮食作物，耕种与食用的历史都相当悠久。全世界约有一半的人口食用水稻，主要在亚洲、欧洲南部和热带美洲及非洲部分地区。

考古研究表明，水稻种植始于中国长江中游地区，距今已有超过1万年的历史。中国是稻作历史最悠久、水稻遗传资源最丰富的国家之一，在远古时期，古人打猎时意外地发现了野生稻谷，于是开始了漫长而艰辛的驯化过程，将野生稻谷

图6-2 水稻的结构

逐渐改良成适合人类食用的粮食。到了河姆渡时期，人们已经掌握了水稻的种植技术，并开始把稻米作为主要的日常食粮。随着时间的推移，水稻的种植技术不断得到改进和完善，种植范围也不断扩大，逐渐北上南下传入中国各地，又从中国传至境外，成为世界主要粮食作物之一。

水稻主要有以下几种分类方式：按植物学分类，分为籼稻和粳稻；按生育期长短，分为早稻、中稻、晚稻；按淀粉含量，分为糯稻和非糯稻；按留种方式，分为常规水稻和杂交水稻；按栽培方式，分为水稻和陆稻；按高矮，分为普通水稻与2米左右的巨型稻。

🌲 水稻的生长周期

水稻的生长周期是一个复杂而精细的过程，大致可分为萌发期、幼苗期、分蘖期、拔节期、孕穗期、抽穗期、扬花期、乳熟期和完熟期（图6-3）。

首先，在适宜的温度和湿度条件下，水稻种子开始发芽，进入萌发期；随后，

幼苗期到来，此阶段需保证适当的光照和水分，以确保幼苗健康成长；紧接着是分蘖期，水稻侧芽开始分枝生长，形成多个分蘖，为后续花穗生长及粒子填充奠定基础；随着生长的进行，水稻进入拔节期和孕穗期，主蘖开始无节段地向上生长，逐渐形成幼穗，同时叶片迅速生长，水稻幼穗开始分化，直至抽穗；随之，抽穗期与扬花期相继到来，水稻抽穗开花，为后续灌浆结谷奠定基础；之后，水稻

图6-3 水稻的生长周期

进入乳熟期，灌浆初期，籽粒内部呈现乳白色浆状，这是水稻获得高产的关键时期；最后，水稻进入完熟期，稻谷及谷粒下方的小枝梗全部变黄，米粒水分减少，干物质积累基本达到最大，此时可收割，以获得丰收的稻谷。

🌲🌲 "杂交水稻之父"——袁隆平

袁隆平院士一生专注于杂交水稻的研究、推广和应用，发明"三系法"籼型杂交水稻，成功研究出"两系法"杂交水稻，创建了超级杂交稻技术体系，为中国粮食安全、农业科学发展和世界粮食供给作出了巨大贡献，被誉为中国杂交水稻的奠基人和领军人物。袁隆平院士将水稻的杂交优势成功地应用于生产，还不断进行创新和突破，开发出第二代、第三代杂交水稻，实现了水稻双季亩产1500千克、2000千克、3000千克的高产目标。他将水稻的杂交优势成功地应用于生产，让中国水稻亩产提高了20%，多养活了7000万人口。同时，他积极推动杂交水稻在全球范围内的推广，让更多国家和地区受益于杂交水稻技术。

袁隆平院士获得了无数奖项和荣誉，却将奖金全部投入杂交水稻事业，自己过着简朴节俭的生活。他对祖国和人民有着深厚的感情和责任感，深知作为一个人口众多的国家，粮食安全是国家稳定、人民幸福的重要基石。他最大的愿望就是"这个饭碗，牢牢地掌握在我们中国人自己手上"。

🌲🌲 粮食安全

农业是国家的基础产业，粮食安全关系到国计民生。为了确保粮食的稳定供

应，中国政府设定了耕地生态红线，以保护农田生态系统，维护粮食生产的可持续性。耕地生态红线是对耕地资源进行严格保护的重要措施，这一红线将优质耕地、基本农田等重要土地资源划定为保护范围，严格限制非农用地占用，确保耕地的数量和质量不受损失。

粮食安全是国家发展的重要基石，耕地生态红线是保障粮食安全的重要手段。中国政府持续加强在耕地保护、科技创新、基础设施建设等方面的工作，确保粮食生产的稳定和可持续发展。同时，中国也积极参与全球粮食安全合作，为推动全球粮食生产的增长和粮食市场的稳定作出了积极贡献。

🌲🌲 大米的营养价值和功效

大米属于谷物类，是稻谷经清理、砻谷、碾米等工序制成的食物。大米含有丰富的碳水化合物，是人体主要的能量来源，不仅能充当饱腹之食，还含有丰富的膳食纤维、维生素B族、钙、铁、锌等多种人体所需的微量元素。这些成分对于人体的新陈代谢、免疫力和生殖系统等方面都有着重要的作用。

大米营养价值丰富，有健脾养胃、补中益气的效果，对于脾胃虚弱、食欲不振、消化不良等症状具有缓解作用；同时，还具有滋阴润燥、止渴生津的功效，能有效缓解阴虚火旺、口干舌燥等症状。

【课程目标】

了解世界主要粮食作物水稻；溯源水稻的前世今生，认识不同的水稻品种，探究水稻的生长规律，学习与自然和谐共生；亲手制作饭团，培养学生的生活技能和团队合作精神；通过对话农民和粮食安全主题教育讲座，引发学生关注粮食安全问题，引导他们养成勤俭节约、珍惜粮食、热爱劳动的良好习惯。

【研学地点】

可持续发展教育中心、稻虾养殖基地。

【活动时长】

150～180分钟。

【辅助教具】

笔、调查表、纪录片、调研报告、饭团制作材料、教学视频和PPT等。

【教学流程】

1.导入（20分钟）

教师发放"水稻知多少"调查表（表6-4），以评估学生对水稻知识的掌握程度，同时激发他们的探究热情，导入新课，为后续水稻实践课程奠定基础。

表6-4 "水稻知多少"调查表

水稻长什么样子？	水稻种植在哪里？	水稻种植有哪些步骤？	水稻可以做成哪些美食？

2.构建（20~30分钟）

【水稻故事】

播放纪录片《水稻的一生》，教师与学生共同探索水稻成长的故事，深入了解水稻从一粒种子到一株稻穗的生长历程，使学生直观地体会到"春种一粒，秋收百颗"的真谛。

教师通过PPT解说水稻从最初的野生稻到现代高产优质稻的演变历程，科普水稻的栽培技术，包括水稻的播种、育秧、移栽、田间管理、病虫害防治等方面的知识，并通过教具展示不同品种水稻的特点，引导学生全面认知水稻。通过分享杂交水稻之父袁隆平院士的生平事迹，引导学生从中汲取其精神力量，树立珍惜粮食、节约资源的意识，切实践行"一粥一饭，当思来之不易"的生活理念。

3.实践（90~100分钟）

【对话农民】

你知道适宜水稻生长的条件吗？了解二十四节气与水稻种植的关联吗？能分辨稻田里的益虫和害虫吗？让学生带着系列探究性问题走进稻田，通过观察、讨论、咨询等途径寻求答案。活动现场可邀请当地农民分享水稻种植与管理经验，指导学生按小组设计访谈提纲，与农民进行互动，最后填写调研报告（表6-5）。通过开展实地考察稻田和对话农民活动，使学生能深刻领悟到粮食的来之不易，培养其尊重农民、珍爱农田的意识。

表6-5 "对话农民"活动调研报告

调研小组		调研时间	
观察记录			
访谈提纲			
访谈总结报告			
活动收获			

【饭团制作】

大米有哪些营养价值？大米除了煮饭还可以制作什么美食？学生参与互动讨论后，教师讲解大米的营养价值，并开展饭团制作活动。教师分发模具、糯米饭、蔬菜粒、肉松、海苔碎等食材以及沙拉酱等调味品，学生按"挑选食材—加入调味料拌匀—放置入磨具—按压成型"的步骤制作饭团。完成后大家一起品尝亲手制作的美味饭团。

注意：购买食材时，要选择有质量保证的品牌与商家；制作环节要保证卫生、安全；食用时要做好安全预案。

【粮食安全讲座】

开展《农业发展与粮食安全》的主题讲座，并以黑龙江旱灾和长江流域洪灾为例将关注点聚焦到粮食安全，引导学生树立崇尚节俭、珍惜粮食的美好品德，使学生认识到粮食安全的重要性。

以"中国人的饭碗如何端得更牢、更稳、更踏实""我们能为粮食安全做些什么"为主题展开讨论。教师从兴修水利、科技创新、耕地补贴、节约粮食等角度进行引导，最后总结升华。

4. 分享（10~15分钟）

请学生分享观看《水稻的一生》纪录片的感受，讲述自己对水稻生命周期的认知。

请学生分组展示和分享"对话农民"活动调研报告，讨论农民在农业发展中的智慧。

请学生分享亲手制作饭团的心得体会，思考大米还可用来制作哪些美食。

请学生分享"我们能为粮食安全做些什么"，培养学生爱粮节粮意识，做粮食安全的实践者、传播者。

5. 总结（10~15分钟）

总结水稻发展的演变历史、类型划分及其特征。

总结水稻生长过程和种植栽培技术。

总结水稻的重要性，引导学生关注"三农"问题，共同为保障国家粮食安全贡献力量。

（三）闭营仪式

1. 地点： 可持续发展教育中心；

2. 活动时长： 30分钟；

3. 活动内容： 展示学生研学的精彩瞬间；评选优秀团队，颁发奖品；学生代表分享交流；进行研学总结，升华主题内容，培养学生尊重自然、热爱劳动等情感和价值观；合影留念，致欢送词。

第七章 花草茶 诗相约

一、课程概况

（一）课程背景

杏花村湿地内遍植生机盎然的花卉草本，周边还分布有碧绿的茶园。花、草、茶，这些不仅是生活中的美好元素，更是诗歌中常常吟咏的灵秀意象。杜牧的《清明》使杏花村广为传扬。清朝杏花村人郎遂编撰的《杏花村志》是唯一入选《四库全书》的村志，书中卷五至卷八收集了200余首关于杏花村的诗。杏花村诗词文化底蕴深厚，是开发研学课程的优质场地。园中有《诗经》中的草木，有唐诗、宋词中的花与茶，这些植物在历代文人的笔下被赋予了诸多的人文内涵。因此，将自然与人文知识相融合，可以开发出充满文化内涵，又有趣味性、科学性的研学课程。课程围绕着花、草、茶，融合杏花村的诗词文化，开发了3个课程单元，学生可以在课程中感悟自然中的人文，探索人文中的自然。

（二）研学对象

主授对象： 七～八年级学生

学情分析： 该年龄段学生乐意探究自然，有一定的诗词积累，对诗词中的自然知识、历史文化知识有一定理解；具备一定的动手能力，可通过团队合作的方式开展一些户外探究活动。在思维特点方面，学生能够运用所学知识进行逻辑推理与归纳总结，因此课程中可启发、引导学生提出自己的见解。该年龄段学生在情感方面也有一定的发展，会关注自己与他人的关系，对乡土文化有初步的认知，教师可引导学生思考相关文化现象，思考生物多样性与人类发展的关系。

（三）教学目标

🌲 总体目标

1.学生通过认识《诗经》中的草，理解"杂草"的产生、传播与人类文明的伴生关系，培养学生探索自然的兴趣，学会与草平等相处；

2.学生通过学习杏花村的历史和关于杏花村的诗，了解诗中的自然知识，使对诗、对花的理解贴合实践，培养对自然和地方文化的热爱；

3.了解茶的种类和茶叶的形态特征，从关于茶的诗词中了解古人的饮茶方式，培养学生的文化自信；

4.培养学生的语言表达、人际沟通及团队协作等能力。

🌲🌲 涉及《指南》中环境教育目标

环境意识： 欣赏自然的美，意识到环境与个人身心健康的关系。

环境知识： 理解日常生活方式对环境的影响，举例说明个人参与环境保护和环境建设的途径和方法。

环境态度： 尊重不同文化传统中人们认识和保护自然的方式与习俗，珍视生物多样性，尊重一切生命及其生存环境。

技能方法： 学会思考、倾听、讨论，分析影响公众参与环境保护和可持续发展建设的原因，能就提高公众参与的有效性提出建议。

环境行动： 具有跟随家人、教师等参与可持续发展相关议题的活动经验，能够表达自己关于环境保护的观点，并以宣传或劝说的方式影响他人做出行为改变。

🌲🌲 与《课标》的联系

初中语文： 增强对中国传统文化的理解和欣赏能力，增强民族自豪感和文化自信心；提高规范运用语言文字的意识和能力，能在具体语境中有效交流沟通；增强思维的敏捷性、灵活性、深刻性、独创性、批判性，养成勇于探索创新、积极思考的习惯；提升发现美和运用语言文字表现美、创造美的能力，促成健康的审美意识。

初中生物： 获得生物的多样性、生物与环境的关系、植物的生活习性等方面的基础知识；认识生物界的发展变化及人与自然的关系等；培养科学探究和跨学科实践能力，形成团队合作意识、坚持不懈的探索精神、实践创新意识、审美意识和创意实现能力。

初中历史： 学会在唯物史观的指导下看待历史，在具体的时空条件下考察历史，树立以史料为依据，客观认识和评判历史的态度；养成关注现实问题、热爱家乡、热爱祖国、放眼世界的态度。

🌲🌲 核心素养

人文积淀、人文情怀、批判质疑、勇于探究、乐学善学、社会责任等。

（四）知识链接

1.关联学科

人教版语文六年级上册教材《西江月·夜行黄沙道中》《花之歌》；

人教版语文六年级下册教材《采薇》《早春呈水部张十八员外》；

人教版语文七年级下册教材《游山西村》《己亥杂诗》《泊秦淮》《约客》；

人教版语文八年级下册教材《蒹葭》《关雎》《卜算子·咏梅》；

人教版历史七年级上册教材《百家争鸣》；

人教版历史七年级下册教材《盛唐气象》《宋代经济的发展》；

人教版生物七年级上册教材《生物和生物圈》《爱护植被，绿化祖国》。

2.知识推荐

池州市杏花村文化旅游区管委会.(清)杏花村志·(民国)杏花村续志[M].合肥：黄山书社，2015.

池州市杏花村文化旅游区管委会.杏花村诗集[M].合肥：时代出版传媒股份有限公司，2018.

萨拉·罗斯.茶叶大盗——改变世界史的中国茶[M].北京：社会科学文献出版社，2015.

理查德·梅比.杂草的故事(天际线丛书)[M].南京：译林出版社，2016.

包伟民.陆游的乡世界[M].北京：社会科学文献出版社，2020.

苏生文，赵爽.人文草木：16种植物的起源、驯化与崇拜[M].天津：天津人民出版社，2020.

蒋勋.蒋勋说唐诗[M].北京：中信出版社，2014.

季风.唐诗宋词里的趣事[M].北京：北京大学出版社，2016.

李开周.宋茶[M].成都：四川文艺出版社，2022.

深圳一石.美人如诗 草木如织——《诗经》里的植物[M].天津：天津教育出版社，2007.

（五）课程特色

课程巧妙融合花、草、茶的自然奥秘与历史人文精髓，引导学生通过诗词探寻植物之美，并在园区实地学习其历史人文知识。寓教于乐的游戏设计，不仅激发了学生的学习热情，还锻炼了他们的实践技能与团队协作能力，促进了归纳与演绎思维的发展。课程更强调人文与家国情怀的培育，鼓励学生以非个人中心和非人类中心的视角观察世界，学会尊重与理解他人，提升共情能力。

二、课程体系与行程安排

（一）课程体系

本主题研学课程体系见图7-1。

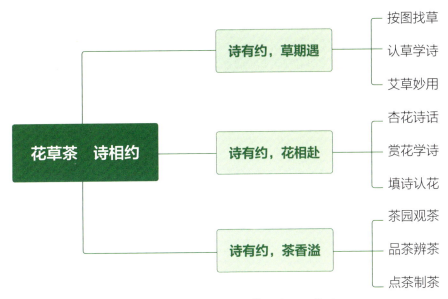

图7-1 "花草茶 诗相约"研学课程体系

（二）行程安排

"花草茶，诗相约"研学课程共计2天，具体行程安排见表7-1。

表7-1 研学行程安排

时间		名称	研学地点	研学内容
第一天	8:30—9:00	开营仪式	可持续发展教育中心	1.介绍课程内容； 2.明确纪律与要求； 3.破冰游戏。
	9:00—11:30	诗有约，草期遇	可持续发展教育中心、乐耕园	1.按图认草：分组对照知识卡片认识园中常见的草； 2.认草学诗：在园中认识《诗经》中提到的草，学习相关《诗经》中的诗； 3.艾草妙用：教师讲解艾的人文内涵，品尝青团，制作艾囊。
	14:00—16:30	诗有约，花相赴	可持续发展教育中心、牧之楼	1.杏花诗话：学习杏花村历史人文知识，了解杏花村复建过程； 2.赏花学诗：认识牧之楼外的花，通过游戏的形式认识花的人文内涵； 3.填诗认花：完成关于花的诗句填空，创作关于花的五言绝句。

（续表）

时间		名称	研学地点	研学内容
第二天	9:00—11:30	诗有约，茶香溢	牧之楼、唐茶村落	1.茶园观茶：从叶形、叶脉、叶缘等方面辨别茶叶的独特之处； 2.品茶辨茶：品尝不同种类茶，了解茶的分类、茶的特性等； 3.点茶制茶：体验点茶法、茶百戏，学习制作奶茶。
	16:00—16:30	闭营仪式	可持续发展教育中心	1.回顾研学活动精彩瞬间； 2.评选优秀团队，颁发奖品； 3.学生代表分享交流； 4.全员合影留念。

三、课程内容

"花草茶，诗相约"主题研学课程共包括开营仪式；诗有约，草期遇；诗有约，花相赴；诗有约，茶香溢；闭营仪式5个阶段。

（一）开营仪式

1.地点：可持续发展教育中心。

2.活动时长：30分钟。

3.内容：教师介绍本次研学活动的主题、内容和行程安排，明确研学活动纪律、安全、学习等方面的要求；带领学生开展"破冰游戏"，构建合作互助的良好氛围，引导学生尽快投入即将开展的研学活动。

（二）课程单元

课程一　诗有约，草期遇

【知识准备】

《诗经》中常见的草

《诗经》中共305篇诗歌，其中的"风"是15个诸侯国的民歌，如"郑风"就是郑国的调子，"秦风"就是秦国的调子；"雅"是周王朝首都附近的曲调，是对贵族生活的描写；"颂"是宗庙祭祀的乐歌。这些诗歌记录着当时人们的生活，有大量的草木描写，因此孔子说"读诗可以多识于鸟兽草木之名"。现代人读《诗经》可以学到历史、哲学、文学、自然知识。《诗经》中众多诗歌以描绘草本植物为起始，进而抒写人事，这是因为在农耕社会中，古人的日常生活与草本植物紧密相连；现代社会与之形成鲜明对比的是，城市化程度高，从事农业生产的人却少，多数人在日常生活中与草本疏离，即便偶尔接触到这些草本植物，也往往不识其名。课程将特别介绍以下几种在《诗经》中有记载且目前在杏花村湿地可寻的草类品种。

1.手如柔荑，肤如凝脂，领如蝤蛴，齿如瓠犀，螓首蛾眉，巧笑倩兮，美目盼兮。　　　　　　　　　　　　　　　　　　　　——《诗经·卫风·硕人》

"柔荑"也就是白茅（别名茅、茅针）（图7-2）。白茅是禾本科白茅属多年生草本植物，它的成株根深，地下茎节发达，草秆丛生。白茅常生长在山坡、草地、路旁、河边等地带，也极易在农田、苗圃、果园等地蔓延扩散。全国大部分地区均有生长，花期为4—6月。

2.蒹葭苍苍，白露为霜。所谓伊人，在水一方。　　——《诗经·秦风·蒹葭》

《蒹葭》描写的是对意中人爱慕但求而不得的心情，"蒹葭"即人们常见的芦苇（图7-3）与欧洲芦荻。芦苇的花序为圆锥形，蓬松像刷子；而欧洲芦荻的花序则是丝状，舒展像拂尘。芦苇的叶子宽，边缘不锋利；而欧洲芦荻的叶子较窄，边缘非常锋利。芦苇通常生长在水中、水边以及沼泽地；而欧洲芦荻则能在稍微干燥一些的环境中生存。

3.采采芣苢，薄言采之。采采芣苢，薄言有之。　　——《诗经·周南·芣苢》

《芣苢》记录了古代劳动人民采摘芣苢的景象，"芣苢"即平车前（图7-4），常生长在山野、路旁、花圃、河边、田边、房前屋后，很常见，既可食用，也是一味中药，具有明目祛痰、清热利尿功效。车前草叶片呈卵形，前端尖或钝，基部逐渐狭窄成柄，花期在4—10月。

4.彼采葛兮，一日不见，如三月兮！彼采萧兮，一日不见，如三秋兮！彼采艾兮一日不见，如三岁兮！　　　　　　　　　　　　　　——《诗经·王风·采葛》

"葛"属多年生草质藤本植物，茎基部木质，有粗厚的块状根。根较粗，嫩白色，有须毛，表面光滑。除青海、新疆、西藏外，全国多地均有野生植株。自古以来人们就会把葛根加工成淀粉食用。这里萧、艾是指菁蒿与艾（图7-5）。蒿草是部分蒿属植物的统称，具有浓烈的挥发性香气，且可食用，常用于配料。

图7-2 白茅　　　　图7-3 芦苇　　　　图7-4 平车前　　　　图7-5 艾

5.谁谓荼苦，其甘如荠。宴尔新婚，如兄如弟。　　——《诗经·邶风·谷风》

"荼"指的是苦苣，其口感带有苦涩之味；而"荠"则指的是荠菜（图7-6），味道甘美。诗歌传达的意思是：谁说苦菜的味道苦涩难咽，与我内心的痛苦相比，它甚至可与甘甜的荠菜相提并论。"荠"是一种常见的植物，属于十字花科荠属草本植物。其茎部直立，开白色的小花；幼株阶段，荠菜与蒲公英、花叶滇苦菜在外观上颇为相似，它们也常常在同一个环境中生长。

6.关关雎鸠，在河之洲。窈窕淑女，君子好逑。参差荇菜，左右流之。窈窕淑女，寤寐求之。　　——《诗经·周南·关雎》

诗歌描绘了男子对女子的思念和追求，以雎鸠的和谐鸣声起兴，引出男子对淑女的美好赞美和向往。荇菜是一种多年生水生草本植物，属于睡菜科荇菜属（图7-7）。它在中国绝大多数地区均有分布，茎圆柱形且多分枝，叶片漂浮、圆形或卵圆形。花常多数，簇生节上，花冠金黄色，花期一般为5—10月。

7.采薇采薇，薇亦作止。曰归曰归，岁亦莫止。　　——《诗经·小雅·采薇》

"采薇采薇"描绘的是士兵们辛勤采薇菜的情景，而"薇亦作止"则细腻地刻画了薇菜初露嫩芽的情景，凸显了士兵们须持续觅食以维持生计的艰辛。"薇"是指现在所称的救荒野豌豆（图7-8），其特征为偶数羽状复叶，通常含有5～7对小叶，形态为长卵圆形或长圆披针形。

8.自伯之东，首如飞蓬。岂无膏沐，谁适为容？　　——《诗经·卫风·伯兮》

诗歌描绘了家中独守之妻自丈夫东征离去，她的秀发便如同蒲公英般蓬乱，心乱如麻，无暇顾及。飞蓬指蒲公英（亦有认为是蓬草）。蒲公英根呈圆锥状，叶片倒卵状披针形，花朵绽放金黄色光辉，花期为3—9月（图7-9）。蒲公英生长环境多样，耐旱且喜阳，其在公园、田野、路边皆可见。

图7-6　荠菜　　　图7-7　荇菜　　　图7-8　救荒野豌豆　　　图7-9　蒲公英

🌲🌲 艾的妙用

《诗经》中关于艾的描写有多处，可见艾草在古代生活中的重要地位。在中国悠久的历史文化中，艾草被赋予祈福、保健及庆祝等多重象征意义。特别是在端午节这一传统节日，人们习惯开展悬艾叶、食粽子、赛龙舟等活动，祈求神灵庇佑，保佑家人安康。

艾草除了具有深厚的文化内涵，也有着丰富的药用、食用价值。从药用角度看，艾草以其独特的性味归经，具有温经止血、散寒止痛、消炎杀菌等多重功效。它富含挥发油和黄酮类化合物，能有效缓解小腹冷痛、手足不温、宫寒痛经等症状，对于虚寒性出血和皮肤病如湿疮、疥癣等也有显著疗效。艾草的药用价值让其在中医学中占据了重要地位，成为众多药方中不可或缺的一部分。在民间，艾草还被用来制作各种美食，如母鸡艾蒿汤、艾蒿甜汤、艾蒿饼子等，这些美食味道鲜美、营养丰富，具有补气摄血、健脾宁心、清热利湿、活血化瘀等功效。

🌲🌲 "杂草"与"益草"

植物种类繁多，按茎的特点可分为草本、藤本和木本三类。草本植物指的是那些茎内木质结构不甚发达，木质化细胞相对较少的植物。在汉语词汇中，有不少包含"草"字却带贬义的词汇，如草包、草率、潦草、草菅人命等。从农业文明的角度来看，草本植物可被划分为对人类有益的"益草"和貌似无益的"杂草"两类。"益草"主要是指那些被人类驯化、掌控和利用的草本植物，如粮食作物和经济作物等，它们为人类提供了丰富的食物和其他原料来源。"杂草"则是指那些对农作物生长没有帮助甚至产生负面影响的草本植物。随着人们对植物认识的深入，一些原本被认为是"杂草"的植物，其价值逐渐被发现，它们在医药、生态修复、观赏等领域展现出独特的价值。英国自然作家理查德·梅比在《杂草的故事（天际线丛书）》

中列举了几种定义，如"那些优点尚未被人类发现的植物""出现在不被期望地点的植物"，这些对杂草的描述，是基于人类视角的主观判断。即使同一种植物出现在不同的地点、时间，以及不同文化背景下，也可能会出现完全不同的评价，如藜广泛生长于温带及热带地区，也就是"南山有台，北山有莱"（《小雅·南山有台》）一句中的"莱"，其在历史中的身份就几经变换（见下面专栏）。

> 一个地方的观赏性植物到了另一个地方就成了可怕的入侵物种。几个世纪前还是粮食或药物的植物，现在却可能从云端跌入谷底，变成森林中的不速之客。而把杂草改造为食物、孩子的玩具或文化符号也并不困难。藜就是一种经历了所有这些文化变迁的植物。这种植物最初长在海岸边，后来成了新石器时代农夫常用的堆肥原料，之后因为它的种子油分很足，尽管并不是理想的作物，人们还是选择了它进行种植。再后来，由于人们口味的转变，它成了遭人厌嫌的有害植物，因为它会妨害甜菜等作物的生长（有讽刺意味的是，藜与甜菜同属于藜科），直到成为现代饲料之后它才又挽回了一点地位。
>
> 当然，一切都取决于你对杂草的定义是什么。这定义，就是杂草背后的文化故事。我们如何、为何将何处的植物定性为不受欢迎的杂草，正是我们不断探寻如何界定自然与文化、野生与驯养的过程的一部分。而这些界限的聪明与宽容程度，将决定这个星球上大部分绿色植物的角色。
>
> ——[英] 理查德·梅比. 杂草的故事（天际线丛书）[M]. 南京：译林出版社，2020: 15.

🌲🌲 草的传播

自大航海时代开始，随着人类跨区域交流的日益频繁，草类植物的全球化进程也得以加速。草在全球范围的传播，可能是各地生物的互通有无，这对当地有益，但也可能是严重的生物入侵，对当地有害。从人类的视角出发，草本农作物的传播无疑是有益的。以玉米为例，这种原生于美洲的一年生草本植物，经过美洲人的驯化后，随着哥伦布探险队的脚步被带到世界各地。玉米传入中国的历程尤为丰富多样，一方面，它沿着古老的丝绸之路，通过西北陆路传入中国西北地区，这条线路见证了中西方文化交流的悠久历史。另一方面，玉米也通过西南陆路，从欧洲经印度、缅甸传入中国西南地区，展现了陆路交通在文化传播中的重要作用。此外，东南海路也是玉米传入中国的重要途径，它借助海上丝绸之路的便利，由欧洲传入东南亚，再传入中国东南沿海地区，凸显了海洋贸易在促进文化交流方面的独特价值。反面案例如加拿大一枝黄花，原产于美洲，到了20世纪初，其作为观赏植物被引入中国，但如今它已肆意蔓延于野外，其繁殖能力惊人，与周边植物激烈争夺阳光与养分，对生物多样性造成了严重威胁，无疑给人们敲响了生态平衡方面的警钟。草的传播不能武断地判定其好坏，关键看评判的视角与标准，其中有一个标准应该秉持，那就是生物的多样性。

【课程目标】

教师带领学生学习《诗经》中关于草的诗，在杏花村湿地中乐耕园内找出相应的草，理解草的多样性；引导学生观察不同类型的草，分辨茎、叶的形态，培养学生观察、分析和比较的能力；让学生理解草在生态系统中的地位，养成保护自然环境的意识。

【研学地点】

可持续发展教育中心、乐耕园。

【活动时长】

120～150分钟。

【辅助教具】

草的图片、《诗经》中的诗歌卡片、青团、粉碎机、香囊袋、艾叶、紫苏叶、藿香、薄荷、石菖蒲、陈皮等。

【教学流程】

1. 导入（5～10分钟）

请学生讨论诺贝尔奖获得者屠呦呦名字背后的秘密，由此展开讲述青蒿、艾等《诗经》中的植物，调动学生的好奇心，活跃现场气氛，引导学生认识古诗中的草。

2. 构建（15～20分钟）

教师介绍草在世界范围的传播与人类社会的关系，讲解《诗经》中描绘的灰灰菜身份的转变，让学生理解"杂草"的判定标准会因时间、地点、文化等的不同而变化，从而激发学生认识草的兴趣。

3.实践（80～90分钟）

【按图找草】

教师引导学生列举所认识的草，分发杏花村湿地中能找到的相关草的图片与文字说明卡片，让学生分组对照图片，在乐耕园中寻找相应的草，锻炼其观察能力。教师讲解草传播知识，揭示草传播与人类全球化的密切联系，教师以玉米和加拿大一枝黄花在中国的传播为例，阐述人类活动既丰富了各地草类品种，提高了生物多样性，但也引起物种入侵等问题。

【认草学诗】

教师分发《诗经》中部分草类的知识卡片，带领学生在乐耕园中寻找艾、青蒿、荇菜、芦苇、白茅、救荒野豌豆、荠菜等《诗经》中相关草。在认草的过程中，教师需带领学生学习《诗经》中的相应诗句，引导学生理解这些草在古人生活中的地位，理解草的身份转变与人类社会发展之间的关系。

【艾草妙用】

教师带领学生学习《诗经》中关于艾的诗句，讲解艾的药用与食用价值。请学生品尝青团，分发制作艾草香囊的材料。香囊制作材料主要有香囊袋、艾叶和相关药材（紫苏叶、藿香、薄荷、石菖蒲、陈皮等）。制作香囊时，教师先让学生辨认这些草药，再将药材加入粉碎机粉碎，最后分发香囊袋，请学生将粉碎好的药材装入香囊袋。香囊制好后学生可带回留作纪念。

4.分享（10～15分钟）

学生分享自己对生物多样性与物种入侵的理解。

小组分享完成的卡片作业，分享学会的诗句及能辨认的《诗经》中的草。

学生展示制作的香囊，分享所了解的相关草的人文寓意，草的药用、食用、园林等方面的价值。

5.总结（10~15分钟）

总结课程中所认识到的草，所学习到关于草的诗，强调草形态多样、种类繁多的特点。

总结草的广泛传播始于人类的大航海时代，其身份的转变与人类文明的发展紧密相连，要以平等的眼光看待草，改变人类中心论的视角，引导学生尊重自然界每一个生命，共同构建和谐共生的地球家园。

课程二　诗有约，花相赴

【知识准备】

关于杏花村的诗

清明

（唐）杜牧

清明时节雨纷纷，路上行人欲断魂。借问酒家何处有，牧童遥指杏花村。

九日齐山登高

（唐）杜牧

江涵秋影雁初飞，与客携壶上翠微。尘世难逢开口笑，菊花须插满头归。但将酩酊酬佳节，不用登临恨落晖。古往今来只如此，牛山何必独沾衣？

自题小像

（清）郎遂

飘然巾服夫任天真，不羡功名不隐沦。把卷独吟聊遣兴，一村花鸟伴闲身。

关于花的诗句

桃花潭水深千尺，不及汪伦送我情。　——赠汪伦［（唐）李白］

唯有牡丹真国色，花开时节动京城。　——赏牡丹［（唐）刘禹锡］

接天莲叶无穷碧，映日荷花别样红。　——晓出净慈寺送林子方［（宋）杨万里］

墙角数枝梅，凌寒独自开。　　　　　——梅花［（宋）王安石］
燕子来时新社，梨花落后清明。　　　——破阵子·春景［（宋）晏殊］
小楼一夜听春雨，深巷明朝卖杏花。　——临安春雨初霁［（宋）陆游］
人闲桂花落，夜静春山空。　　　　　——鸟鸣涧［（唐）王维］
菊花何太苦，遭此两重阳？　　　　　——九月十日即事［（唐）李白］
稻花香里说丰年，听取蛙声一片。——西江月·夜行黄沙道中［（宋）辛弃疾］
梅须逊雪三分白，雪却输梅一段香。　——雪梅·其一［（宋）卢梅坡］
满地芦花和我老，归家燕子傍谁飞。　——金陵驿二首［（宋）文天祥］
妇姑相唤浴蚕去，闲着中庭栀子花。　——雨过山村［（唐）王建］
苔花如米小，也学牡丹开。　　　　　——苔［（清）袁枚］
厌伴老儒烹瓠叶，强随举子踏槐花。　——和董传留别［（宋）苏轼］
日长睡起无情思，闲看儿童捉柳花。——闲居初夏午睡起［（宋）杨万里］
陌上花开蝴蝶飞，江山犹是昔人非。　——陌上花三首［（宋）苏轼］

🌲🌲 杜牧与杏花村

杜牧（公元803—852年），字牧之，号樊川居士，唐代杰出的诗人、散文家，出生于京兆万年（今陕西西安）。公元844年，杜牧任池州刺史，公元846年又改任睦州刺史。杏花村既为写实的地理名词，亦是为虚指的文化意象，多首古诗中均描写过杏花村，但不一定是实指村名为杏花村。根据《清明》诗中所描写的气候特征及杜牧的人生轨迹推断，池州的杏花村即为《清明》诗中的杏花村。值得一提的是，杜牧当时写"牧童遥指杏花村"也可能是一种虚指，当时的村名不一定是杏花村，可能是其他名称，但是杜牧用杏花村文化意象指代。最终，池州的杏花村成为地理名词与文化意向的统一体，最早的村名不存。杜牧写下《清明》诗，让杏花村名扬天下，反之，《清明》诗亦因为杏花村而广为传诵，这两种说法均有根据。《杏花村志》卷九的《筑杏花亭碑记》记载："自有杜牧之《清明》诗后，村遂以'杏花'名，且筑亭于其中，为游人止息地，明太守顾元镜又建坊表之。"吴非在《杏花村志》序中写道："或曰村以杜牧之诗传，余固谓杜牧之以村传其诗也。不然，杜佳诗甚多，非不传，而独此则无人不适，即儿童亦皆诵之矣，非以此村乎？"无论是哪一种说法成立，杜牧和池州是深深绑定在一起了。后世亦多有文人写诗感怀杜牧，如明朝李盘写有《杜坞山怀杜牧之》，诗曰："杜公千载后，花坞晓凤清。远韵留山水，游人忆姓名。"明朝的孙仁写有《杜坞山夕照》，其中，"一从小杜行骖后，草木长含几倍华"表达了对杜牧的怀念。清朝的孔尚大在《杏花村》一诗中感怀杜牧与顾元镜而写道："杜老行春问酒家，顾公缘旧更栽花。"类似此诗不一而足。清知府李暲在《义学公碑记》中记载了当时贵池的茅坦杜氏，在杏花村中建造了杜公祠以纪念杜牧的事迹。《茅坦杜氏宗谱》亦记载了杜氏在杏花村买地建祠、建亭、建坊，种植杏树、桃树的故事。

🌲🌲 郎遂与《杏花村志》

郎遂（公元1654—约1739年），字赵客，号西樵子，一号杏花村，为清康熙年间的贵池人，其历时11年编撰了《杏花村志》，全书十二卷。郎遂自幼资质聪颖，由诸生入太学，但志不在仕途，不遗余力地搜集资料编纂村志，"凡夫缙绅幸布，无不咨询；巷议街谈，无不茹纳。"郎遂是宋末池州郡丞郎文韶之后裔，元人入池州，郎文韶在府城之西郊杏花村筑焕园隐居，自此繁衍支系，聚族而居，使郎氏成为当时的庞大姓氏。明洪武间，郎氏家族得以发展，大部分迁至都市，而郎遂父系郎必光一支"守先庐于故村"。民国初年，贵池人胡子正著《杏花村续志》，其中有诗吊郎遂："问酒酒乌有，寻花花邈然。可怜郎赵客，空忆杜樊川。风雨诗千首，湖山志一篇。斯人渺何处？芳草自年年。"《杏花村志》是唯一入选《四库全书》的村志，这也使杏花村名垂千古，被后人誉为"天下第一村"。全书卷以下列村中、村南、村北、村东、村西、人物、闺淑、仙释、题咏、词赋、宸翰、文章、户牒、族系、传奇、杂记等16个子目，其中的第五卷至第八卷为"题咏"，共收集了历代文人题咏贵池杏花村的诗歌200余首。

🌲🌲 诗词中花的人文内涵

"花"是诗词、歌赋中非常重要的意象，历代文人会赋予花一些人的情感与品格进行托物言志。宋朝的曾慥就以花为友，提出"花十友"一说："兰为芳友，梅为清友，瑞香为殊友，莲为净友，栀子为禅友，蜡梅为奇友，菊为佳友，桂为仙友，海棠为名友，荼蘼为韵友"。也有"花十客"之说：梅花索笑客，桃花销恨客，杏花倚云客，水仙凌波客，芍药占春客、莲花禅社客，桂花青云客，菊花招隐客，兰花幽谷客，酴醿清叙客。清代李汝珍写的《镜花缘》中，花被赋予了丰富的象征意义和文化内涵。作者在书中将花分为十二师、十二友、十二婢，这种分类方式反映了当时社会的文化观念和审美倾向。

宋朝文人在社交之时，喜欢赏花，男子簪花在当时亦成为社会风尚。苏轼曾写过《吉祥寺赏牡丹》这首记录赏花、簪花活动的诗"人老簪花不自羞，花应羞上老人头。醉归扶路人应笑，十里珠帘半上钩"，描绘了其因不赞成变法而被排挤到地方的从容心态。苏轼还写过《东栏梨花》这首关于梨花的诗"梨花淡白柳深青，柳絮飞时花满城。惆怅东栏一株雪，人生能得几清明"，这首诗作于1077年，亦有自喻之意。菊花在后世被赋予了高雅、隐逸的品格，陶渊明吟诵过"采菊东篱下，悠然见南山"。郑思肖的名作《画菊》"花开不并百花丛，独立疏篱趣未穷。宁可枝头抱香死，何曾吹落北风中"，以菊花自喻，表达了自己不随波逐流的高洁志向。兰花被赋予了高洁、贤德、淡泊、朴素的品格，王勃写过《春庄》："山中兰叶径，城外李桃园。岂知人事静，不觉鸟声喧。"杨万里在《寄题邹有常爱莲亭》写莲花："此花不与千花同，吹香别是濂溪风。"梅花被文人赋予多种高尚品格，如元代王冕的《墨梅》就写出了梅花的高风亮节和卓尔不群的品格，诗曰："我家洗砚池头树，朵朵花开淡墨痕。不要人夸好颜色，只留清气满乾坤。"

🌲🌲 月季、蔷薇、玫瑰的区别

月季、玫瑰、蔷薇因外形相近容易被人混淆，以下是从气味、花期、花冠、茎、叶等方面对三者进行比较（表7-2）。

表7-2 月季、玫瑰、蔷薇的区别

	月季	玫瑰	蔷薇
气味	清新淡雅，不刺鼻，需要凑近植株才可以闻到	浓郁的玫瑰花香，清雅迷荡的甜香味	清新香气
花期	自然花期4—9月，但养植得当可全年开花	花期主要集中在5—6月	花期多在5—9月
花	花瓣多，颜色丰富，有单瓣和重瓣之分，花色以红色为主，也有白、黄、粉红等色	花瓣较厚，花色丰富，常见有红、粉、白、黄等色	花朵较小，多为粉色或白色
茎	粗壮直立，有短粗的钩状皮刺	茎枝直立，有浓密的刚毛和倒钩	茎枝细软、蔓生，亦可攀缘生长，皮刺较小
叶	羽状复叶，表面深绿有光泽，叶背青白，边缘有锐锯齿	单叶、羽状复叶互生，叶片有褶皱，叶色淡，边缘有钝锯齿	羽状复叶，小叶多为5～9片，边缘有锯齿

宋代诗人杨万里有一首《红玫瑰》诗就指出了三种花的不同："非关月季姓名同，不与蔷薇谱谍通。接业连枝千万绿，一花两色浅深红。风流各自燕支格，雨露何私造化功。别有国香收不得，诗人熏入水沉中。"中国古代赞美花的诗歌浩如烟海，提到玫瑰的却少而又少。这或许是因为中国的花卉资源实在丰富，富贵者喜欢牡丹、木樨（俗称丹桂、桂花等）的富丽；隐逸者喜爱梅花、兰花的清雅；遁世者欣赏莲花的一尘不染……而中国原生种的玫瑰，花型不大，比现在的一元钱硬币大不了多少，花色也比较单调，以紫红色为主，少量有粉色、白色的，跻身于群芳之中，实在不引人注目；更致命的是它的刺，玫瑰有个别名叫"刺客"，枝上细刺密布，令人望而生畏，不好接近。因为以上原因，玫瑰在中国古代文化中是不受重视的。

蔷薇，花色比玫瑰丰富一些，也比玫瑰更常见，但是在古代文化中的地位和玫瑰也差不多。它茂密的叶与繁盛的花，作园林中的树篱很合适，但也只适合作背景，当不了主角。

月季的情况好于以上两种。目前最早记载栽培月季的文献，是明末王象晋的《二如亭群芳谱》（1621年）："月季一名'长春花'，一名'月月红'，一名'斗雪红'，一名'胜红'，一名'瘦客'。灌生，处处有，人家多栽插之。"而"长春花"这个名字，又来自于它的一个特点——四季常开。在古人眼中，月季有玫瑰的香韵，有蔷薇的丰富色彩，花朵大、观赏性强，又能四时常开，在三种花中算是优点最多的了。不过，其审美价值仍然不能与牡丹、兰花、梅花、山茶等并列。

——苏生文，赵爽. 人文草木：16种植物的起源、驯化与崇拜[M]. 天津：天津人民出版社，2020：37.

【课程目标】

教师通过带领学生学习有关杏花村的诗和人文典故，了解其历史人文知识，激发学生对传统文化的热爱之情。教师通过组织学生进行户外探究，认识草地上的花并学习有关花的诗，领悟古人对花卉习性与特点的敏锐观察力，体悟诗人的情感，以此激发学生探索自然的热情，培养学生的共情能力。

湿地有约——杏花村生物多样性研学课程

【研学地点】
可持续发展教育中心、牧之楼。

【活动时长】
120～150分钟。

【辅助教具】
诗词卡片、知识题卡。

【教学流程】

1.导入（5～10分钟）

教师请同学朗诵《清明》，并介绍关于花的诗，再开展关于"花"的飞花令游戏，激起学生参与课程活动的兴趣。

2.构建（15～20分钟）

教师介绍杜牧、郎遂与杏花村的关系，以及常见花的人文寓意，激发学生学习杏花村历史人文的兴趣与探究自然的热情。

3.实践（80～90分钟）

【杏花诗话】

学生在牧之楼内分组浏览相关知识展览图，完成杜牧、郎遂生平事迹的相关填空题（图7-10）。教师检查学生答题情况，带领学生阅读关于杜牧与郎遂的展览信息，引导学生思考名人与名胜的关系，讨论当代人学习古诗的深远意义。

图7-10　牧之楼内知识题卡（发给学生的卡片空缺答案）

【赏花学诗】

牧之楼前种植有大片的月季，教师带领学生分辨月季、蔷薇和玫瑰。教师也可根据季节情况带领学生分辨园中其他应季的花。如2—3月的杏花、桃花、樱花，3—5月的荠菜花、蒲公英、苜蓿、救荒野豌豆，6—8月的金鸡菊、荷花，9—10月的菊花、桂花，11—1月的秋菊、山茶、蜡梅等。其中，山茶花的花期最长，从11月持续到第二年的7月。教师带领学生观赏花卉，讲解花期的同时要有意识地引导学生多关注容易被人忽视的野花，认识到自然界中花的多样性。

赏花之后，教师带领学生开展关于花的人文内涵的连连看游戏。学生分组后拿到连连看卡片，卡片上列出常见花的诗句及相关花的人文内涵，各组进行连线。游戏完毕，教师带领学生学习相关花的诗，阐述花的人文内涵。

> 请把有关花的诗句与其对应的文化寓意相连接（发放到学生手中的卡片次序会被打乱）。
>
> 1. 人面桃花相映红　　　　A. 爱情、幸福、希望
> 2. 杏花飞帘散余春　　　　B. 爱情、希望、幸福、教育、学术
> 3. 映日荷花别样红　　　　C. 高洁、清廉、友谊、吉祥、和睦
> 4. 兰生幽谷无人识　　　　D. 典雅、高洁、爱国、坚贞不渝、君子
> 5. 梅花香自苦寒来　　　　E. 圣洁、坚强、孤独、高尚
> 6. 梨花淡白柳深青　　　　F. 纯情的爱、陪伴、离别
> 7. 唯有牡丹真国色　　　　G. 富贵、平安、吉祥
> 8. 宁可枝头抱香死　　　　H. 高洁、孤傲、隐逸、超脱

【填诗认花】

教师给学生发放填诗卡片，卡片上列举6句空缺不同花名的诗句，并配上相应花的图片，请学生填写空缺的花名，认识相关的花并学习对应诗句。教师请学生为当天的研学活动写一首带"花"字的五言绝句，在创作过程中，教师引导学生把活动时节、活动地点、活动内容、学到的知识、活动中的心情体验等写进诗句。

4. 分享（10~15分钟）

学生分享学习到的关于杏花村的人文知识与杏花村的诗歌。

学生分享对花的人文内涵与象征意义的见解，朗诵自己创作的诗，教师进行点评。

5. 总结（10~15分钟）

总结花的人文内涵，体会古人写诗时对自然细致的观察力，总结古人巧妙捕捉花期、颜色、形状等特点融入诗歌之中的技巧。

鼓励学生热爱自然，用心观察花草，并尝试在日常生活中创作诗歌。

课程三　诗有约，茶香溢

【知识准备】

诗词中的茶

一七令·茶

（唐）元稹

茶。

香叶，嫩芽。

慕诗客，爱僧家。

碾雕白玉，罗织红纱。

铫煎黄蕊色，碗转曲尘花。

夜后邀陪明月，晨前独对朝霞。

洗尽古今人不倦，将知醉后岂堪夸。

浣溪沙·细雨斜风作晓寒

元丰七年十二月二十四日，从泗州刘倩叔游南山

（宋）苏轼

细雨斜风作晓寒，淡烟疏柳媚晴滩。入淮清洛渐漫漫。

雪沫乳花浮午盏，蓼茸蒿笋试春盘。人间有味是清欢。

临安春雨初霁

（南宋）陆游

世味年来薄似纱，谁令骑马客京华。

小楼一夜听春雨，深巷明朝卖杏花。

矮纸斜行闲作草，晴窗细乳戏分茶。

素衣莫起风尘叹，犹及清明可到家。

中唐以前，诗文中几乎没有茶的身影，中唐以后，茶成了诗歌和绘画中的常客，很多名人都写过茶诗。诗强化了茶的物质功效与精神追求之间的关系。以上诗词中写到了煎茶、点茶、分茶。第一首每句从一字至七字，形如宝塔，故称宝塔诗，诗中讲述人们对茶的喜爱，再描述煎茶的颜色与茶沫形态，最后夸赞茶能提神醒酒的功效。陆羽在《茶经》中也记载了煎茶法，煎茶是唐代代表性的饮茶方式。此方法主要采用饼茶，经过炙烤与冷却后研磨成末，初沸时加盐调味，二沸时投入茶末，并以环搅之技使其均匀混合，至三沸时则停火。

第二首词中描述的"雪沫乳花浮午盏"，是指点茶的沫浡。点茶是宋元时期广为流传的饮茶方式。点茶法不同煎煮法，点茶过程中要将团茶研磨成细末，置于茶盏之中，随后，以汤瓶倾注热水，并使用茶筅轻击拂动茶汤，使其泛起丰富的沫浡。词中描写的"雪沫乳花"也就是茶筅搅拌茶汤泛起的沫浡。宋代的点茶法制作过程比较精致、繁复，流行于文人士大夫阶层，平民阶层主要还是以煎煮的方式。

第三首诗中提到了分茶，分茶亦称茶百戏、水丹青、汤戏、茶戏等，是指在洁白的茶沫之上绘制图案，汤花瞬间展现出绚丽多彩的画面，如山水云雾之缭绕，花鸟鱼虫之灵动。技艺一般的分茶者会用小竹棍蘸取茶粉，直接在茶沫上书写文字或绘制图画，技艺高超的分茶者则手执一壶热水，向茶盏中倾注细流，水流之力激起茶沫，进而营造出变幻莫测的图案画面。宋茶的制作也与唐朝以及后世不同。研膏是宋茶制作的特有工序，非常耗时，明太祖朱元璋认为团茶劳民伤财，而斗茶与分茶属于玩物丧志，于是下旨禁止团茶，并推广炒青法和泡茶，这也就是现代社会主要的制茶和饮用方式。

朱元璋发现传统贡茶的制造工序过于繁杂，又是蒸青，又是研膏，又是入模，又是烘焙，为了减轻人民负担，他要求贡茶全部改成炒青的散茶。在中国茶叶史上，朱元璋的这项改革被称为"废青改炒""废团改散"，即废除蒸青，推广炒青，废除砖茶，推广散茶。朱元璋的儿子朱权是研究茶文化的名家，他非常赞同老爸的改革："至仁宗时，而立龙团、凤团、月团之名，碾以为膏，杂以诸香，不无夺其真味。天地生物，各遂其性，莫若本朝茶叶，烹而啜之，以遂其自然之性也。"宋朝贡茶名目繁多，工艺复杂，蒸青研膏，掺香调味，结果把茶的精华给弄丢了，反而喝不到茶的真味，而明朝对茶法进行简化，炒青散茶，冲泡饮用，既省工省时，又能保留茶的"自然之性"。仅仅依靠朱元璋的一道圣旨和他儿子的宣传倡导，未必能让蒸青在全国范围内突然消失，但是在朱元璋死后大约二百年，中国真的看不到蒸青茶了，也看不到宋朝那种调膏注汤的点茶之道了。

——李开周. 宋茶[M]. 成都：四川文艺出版社，2022: 120.

🌲🌲 茶的文化属性

陆羽所著的《茶经》为中国茶文化的形成和发展奠定了坚实的基础，书中提出茶性俭的观念，将茶与人的德行相联系，认为茶从种植到饮用都应符合"俭"的特性。这种观念将茶的物质功效与人的精神追求紧密结合，为茶成为修行方法和品位象征奠定了基础。在陆羽的影响下，茶在短短几十年内就成为当时流行的饮品，甚至在《茶经》刊印的780年，国家就开始征收茶叶税。诗僧皎然与陆羽交好，其诗作多涉及茶与禅的微妙关系。他提出的"禅茶一味"理念，为后世广为接受。皎然深信饮茶与禅修相辅相成，茶不仅能提神醒脑，更兼具审美之功效，其曾言："一饮涤昏寐，再饮清我神，三饮便得道。"他对茶的宗教性的理解产生了巨大的示范效应，为中国茶文化提供了基本的框架、术语和审美理念。随着宋代理学的发展，物质世界和道德秩序相统一的观念逐渐流行，茶被赋予了高雅和道德净化的属性。到了明朝，李时珍在《本草纲目》中进一步指出茶性寒，可以降火，"火为百病，火降则上清矣"，从而将茶视为能够净化身体和心神的药品。

茶树的特征

茶树对光照有特殊的要求,既需阳光充足,又惧强光直射,其适宜生长的温度范围为15~25℃,当环境温度低于-10℃时,茶树会遭受冻伤;而高于35℃时,茶树的新梢可能出现枯萎和叶片脱落。茶树为互生叶序,每节生一叶,呈螺旋状交互着生。茶树的叶脉、叶缘、叶面光泽与其他树叶区分明显,茶叶有明显的主脉,从主脉分出的侧脉角度一般大于45°,数量一般在5~15对,侧脉延伸至距叶边缘1/3处,向上弯曲,与上侧叶脉相连,形成闭合网状。茶叶边缘有细密的锯齿,一般有16~32对,靠近叶尖的锯齿较密,而越靠近叶柄的位置锯齿越稀疏或者没有锯齿(图7-11)。

细脉:细脉是分布在次脉附近的最细小的脉络,形成一片密集的网状结构。

叶缘:茶树的叶缘为锯齿状。

侧脉:侧脉有多余,与主脉的角度一般大于45°,由主脉向叶缘延伸但不会直达叶缘,略向上弯曲,与上一侧脉连结,组成一个闭合的网状输导系统。

叶基:茶叶的叶基位于叶缘下部,没有锯齿。

主脉:茶叶的主脉很明显,从叶柄纵向伸至叶尖,逐渐变细。

图7-11 茶叶的特征

茶叶还有比较突出的吸湿性、陈化性和吸味性。茶叶内部含有糖类、多酚类、蛋白质、果胶质等亲水性成分,加之其多孔性的组织结构,使得茶树能够迅速吸收周围环境中的水分。随着时间的推移,茶叶中的成分会发生变化,导致品质逐渐变差,如色泽灰暗、香气减低、汤色暗浑、滋味平淡等。这种变化被称为"陈化",是茶叶氧化作用的结果。再者,由于其组织结构的多孔性,茶叶能够吸收周围环境中的异味。为了防止茶叶吸湿、陈化、吸味,茶叶要避免长期与空气接触、避免阳光直射,避免与其他具有强烈气味的物品存放在一起。

茶的分类

按照制作工艺和发酵程度,茶叶可分为绿茶、白茶、黄茶、青茶、红茶、黑茶六大基本茶类。

绿茶： 绿茶为不发酵茶，特点是"叶绿汤清"，滋味鲜爽。代表性名茶有西湖龙井、洞庭碧螺春、黄山毛峰等。

白茶： 白茶为轻微发酵茶，汤色黄亮明净，毫香明显，滋味鲜醇。代表性名茶有白毫银针、白牡丹等。

黄茶： 黄茶为轻微发酵茶，特点为"黄叶黄汤"，滋味醇厚回甘。代表性名茶有君山银针、霍山黄芽等。

青茶： 又称乌龙茶，是半发酵茶，绿叶红镶边，总体风格香醇浓滑且耐冲泡。代表性名茶有大红袍、铁观音、冻顶乌龙等。

红茶： 红茶为全发酵茶，特点为"红叶红汤"，分为小种红茶、工夫红茶和红碎茶。代表性名茶有正山小种、祁门红茶、云南滇红等。

黑茶： 黑茶属于后发酵茶，具有醇厚的口感和独特的陈香。代表性名茶有云南普洱茶（熟普）、广西六堡茶、湖南黑毛茶等。

🌲🌲 奶茶制作

在锅中加入3000毫升水，煮沸，加入拼配锡兰红茶（约90克），小火煮3分钟左右，滤去茶叶。接着，将淡奶油（150毫升）、全脂牛奶（450毫升）、淡奶（240毫升）和炼乳（90克）混合均匀，倒入茶汤中，再加入90克红糖，小火煮2分钟并搅拌均匀。

注意：购买食材时，要选择有质量保证的品牌与商家；制作环节要保证卫生、安全；食用时要做好安全预案。

【课程目标】
教师带学生去茶园观察茶树的形态特征，区分茶叶与其他叶片的差别，培养学生的观察能力与分析能力；学习关于茶的诗词，让学生了解古代的煎茶法、点茶法；教师讲解茶的文化属性，让学生感受茶文化的博大精深，激发学生学习、传承传统文化的热情。

【研学地点】
可持续发展教育中心、唐茶村落。

【活动时长】

120～150分钟。

【辅助教具】

茶粉、茶盏、茶匙、茶筅、背篓、漏勺、容器、全脂牛奶、白糖、红糖、红茶、纸杯、纸巾、诗词卡片等。

【教学流程】

1. 导入（5～10分钟）

教师带领学生学习《一七令·茶》《浣溪沙·细雨斜风作晓寒》，通过诗词了解茶文化，激发学生学习茶文化的兴趣。

2. 构建（15～20分钟）

教师介绍煎茶法、点茶法、茶百戏，诵读《临安春雨初霁》，让学生通过诗词了解古代与当代饮茶方式的区别。

3. 实践（80～90分钟）

【茶园观茶】

教师带领学生走进唐茶村落中的茶园观察茶树，请学生将茶叶与其他树叶进行对比，从叶形、叶脉、叶缘等方面辨别茶叶的独特之处。学生观察茶叶的同时，教师适时介绍有关茶叶储存的知识。

【品茶辨茶】

教师对绿茶、白茶、黄茶、青茶、红茶、黑茶分别进行取样，请学生从外观上进行辨别。教师将泡好的茶汤倒入公道杯中，请同学们从颜色、味道等方面进行比较。在品茶的同时，教师讲解茶的文化属性，介绍朱元璋废团茶的故事，请学生思考饮茶方式变化的社会因素。

【点茶制茶】

教师为学生演示点茶流程，学生分组设计简易图案，用茶粉进行茶百戏表演。教师带领学生分组制作珍珠奶茶，启发学生结合丰富多样的奶茶思考当代茶饮方式与古代的区别。

4. 分享（10～15分钟）

学生分组展示本组的茶百戏图案，分享自己对宋代点茶法的见解。

学生分享自己对当代茶饮的见解，分析茶文化与地方经济间的关系。

5.总结（10～15分钟）

总结中国饮茶习俗流行的文化因素。

总结茶树特征、茶叶分类的知识，提炼茶饮习俗变化的社会因素。

（三）闭营仪式

1.地点： 可持续发展教育中心。

2.活动时长： 30分钟。

3.活动内容： 展示学生研学的精彩瞬间；评选优秀团队，颁发奖品；学生代表分享交流；进行活动总结，升华主题，培养学生保护生态、珍惜生命、热爱自然的情感；合影留念，致欢送词。

第八章 课程实施

一、安全保障

（一）安全教育

行前统一购买户外活动保险，并对研学课程工作人员和学生开展安全教育培训，明确任务分工，提高安全事故预防和处理能力；要求学生听从教师指挥，严格纪律要求，引导学生了解研学过程中可能发生的潜在风险，提升安全意识。

（二）野外活动安全

开展研学课程操作体验类活动时，注意强调教学工具的安全使用，如剪刀、打火机、木棍、锄头、望远镜等；提醒学生不能随意离开团队，沿途随时关注标识牌，避免走失；开展一平方米自然、水生植物打卡、观鸟等活动时，可能会涉及无护栏的临水区域，要保持高度警惕，避免落水；开展夜观活动时，能见度较低，注意放缓行进速度，途中多作提醒，防止学生摔倒或碰撞，使用手电筒时不能将灯光直射人眼，强光或长时间照射可能导致伤害，课程中注意不伤害、不惊扰动物，在教师的指导下方可进行触摸，避免遇到携带细菌或病毒、有危险的动物；途中不随意采摘花草，避免接触有毒植物；不随意食用野生植物和果实。

（三）食品安全

开展饭团制作、品尝青团、奶茶调制等食品制作与食用课程时，确保所采购的食品原料和成品符合食品安全标准。存储和制作时需保证适宜的温度，防止细菌滋生。饭团和奶茶等食品制作时使用的厨房设施和餐具要定期进行清洁和消毒，确保食品安全。

（四）住宿安全

检查住宿地点的消防设施设备，楼层安排尽量集中，便于管理；入住后，提醒学生注意房间用水、用电安全，及时断电，洗澡时铺好防滑垫，防止摔倒；告知工作人员房间号，以便学生随时联系；禁止学生私自外出，杜绝安全隐患。

（五）交通安全

提醒学生步行时遵守交通规则，禁止在马路上追逐打闹，不能随意离开指定路线；上下车时，维持队伍秩序，提醒学生注意往来车辆，上车须系好安全带，及时清点人数；与车队及司机签订安全责任书，告知司机行车时不能疲劳驾驶，不能超速驾驶，不能接打电话，工作期间禁止饮酒等。

（六）其他安全事项

建议学生穿透气、宽松的衣物和舒适的运动鞋，根据天气情况，提醒学生及时增减衣物，在草丛中活动时建议穿长袖上衣和长裤，避免穿凉鞋，参加虫鸟研学课程时避免穿过于鲜艳的衣服；备好户外防冻、防晒、防蚊虫用品和雨具等；备好水杯，及时补充水分；活动期间提醒学生保管好手机、电脑、背包、钱包等个人财物，研学过程中遇到学生出现身体不适等情况，应及时安排就医。

二、研学评价

研学评价是对学生在研学活动中的学习效果、能力提升和素质培养进行全面、客观、公正的评价，是研学课程实施的重要环节。评价应以激励性为主，以学生发展为本，注重学生的个体差异，用发展的眼光评价学生的过程性表现和终结性成果。引导学生有效开展自我评价和同伴互评，同时研学旅行指导师须对学生的学习过程与结果进行全面且科学的综合评定。总体而言，在研学评价中应做到评价主体、评价内容及评价形式的多元化，发挥评价的激励、改进、导向等功能。具体评价表见表8-1、表8-2和表8-3。

表 8-1　学生自我评价

评价维度	评价项目	评价要点	评价标准			
			优秀	良好	合格	待提升
学习过程	课程学习	积极参与，态度端正，热心探究，善于观察				
	团队合作	积极沟通，和睦共处，互帮互助				
	遵守纪律	听从指挥，服从安排，遵守时间				
	文明礼仪	举止文明，行为规范，尊重他人				
学习成果	成果内容	内容完整充实，思路清晰，有自己的见解				
	呈现形式	体现研究特点，与主题契合，新颖独特				
	展示效果	条理清晰，逻辑性强，语言表达流畅自然				
个人收获						
个人感悟						

表 8-2 小组同伴互评

评价维度	评价项目	评价要点	评价标准			
			优秀	良好	合格	待提升
自我管理	文明素养	公共场所使用文明用语，遵守秩序，爱护环境，绿色出行，爱护公共财物，文明出行				
	遵规守纪	遵守时间节点，不影响活动行程，遵纪守法，不擅自离队，服从带队教师管理				
	自理能力	保管好个人物品，注意个人饮食及个人卫生，合理消费				
实践探究	参与意识	积极参与活动，乐于表达个人见解，能认真对待小组分工，勇于面对困难				
	探究能力	能选择恰当的活动方式开展探究活动，能通过多种方式收集、处理信息，能运用所学知识解决实际问题				
团队合作	合作态度	互相尊重，能倾听他人的观点和意见；主动承担小组工作，互帮互助，有责任意识				
	分工协作	发挥各人优势，合理分工；能互相学习，共同进步				
总结成果	总结反思	能自我总结、反思，积极参与小组的讨论交流，用多种方式展示、分享研学成果				
综合评价						
同伴留言						

表 8-3　研学旅行指导师评价

评价维度	评价项目	评价要点	评价标准			
			优秀	良好	合格	待提升
过程性评价	纪律意识	能够做到守时，没有无故缺勤、迟到等现象				
	学习态度	态度认真，准备充分，积极参与课程活动，有成果收获				
	团队意识	能够自觉服从教师管理，听从指挥				
	文明礼仪	公共场所能注重个人礼仪规范，文明用语，保护环境				
	品德修养	严于律己，乐于助人，能够始终保持良好的学生形象				
终结性评价	任务完成	研学手册的完成情况，研学手册的完成质量				
	学习效果	是否能在研学中发现新问题，讨论与分享环节有自己见解				
综合评价						
导师寄语						

三、课程评估与优化

自2023年11月至2024年5月，本套课程进入面向公众试课阶段，招募了当地中小学生近200人次参与试课活动，为课程的进一步优化提供了思路。首先，通过问卷调查、现场访谈等形式，收集学生和家长的反馈意见和建议，以此作为课程优化的重要依据。其次，在后续的跟踪回访中，与学生和家长保持密切联系，了解学生参加研学课程后的成长和发展情况，以此对课程进行反思和改进。最后，邀请行业专家进入研学课堂观摩，收集专业化的建议和意见。

经过半年多的实践，对部分课程（如《蝴蝶变形记》等）的执行流程进行了优化，对部分课程（如《小芦苇 大世界》等）的教学方法进行了改进，增强了应对突发情况的经验，如加强滨水安全教育，及时疏导学生在游戏中比赛失利的负面情绪，根据天气情况灵活调整教学场地等。经过反复的试课和完善，本套课程得到了本地中小学生和广大家长的高度认可。

杏花村生物多样性研学体验课堂反馈意见表（学生）

亲爱的同学：

　　感谢你与我们一起走进杏花村生物多样性研学课堂，我们非常希望了解你参与课程的真实感受和想法。请你填写这份反馈意见表，帮助我们持续优化课程，以便未来为你提供更优质的研学体验课堂。

池州市研学旅行研究中心

1. 你的年级：　　　　2. 你参加的研学课程名称：

3. 下面有几项反馈意见，按照同意程度1分为最低分、5分为最高分，请你在符合自己真实想法的选分值上打勾（每题只能选择一个）。

反馈意见	分值				
参加本次研学活动，提升了我的团队协作意识与探索能力	1	2	3	4	5
参加本次研学活动，我学会运用视觉、听觉、嗅觉以及触觉等多种感官来探索和认识自然	1	2	3	4	5
参加本次研学活动后，我对课程所介绍的自然界生物有了更深的认识	1	2	3	4	5
参加本次研学活动后，我能认识到保护湿地生物多样性是非常重要的	1	2	3	4	5
参加本次研学活动后，我会细心观察自然界中的动植物，并开展一些探索性的研究	1	2	3	4	5
今后，我会对湿地生物多样性更加关注	1	2	3	4	5
今后，我会更愿意保护生态环境	1	2	3	4	5
我会将本次研学课程分享给我的家人和朋友	1	2	3	4	5

4. 你对本次研学活动安排是否满意？有哪些意见或者建议？

5. 你对本次研学活动的教师是否满意？有哪些意见或者建议？

再次感谢你的参与和反馈，祝你生活愉快！

杏花村生物多样性研学体验课堂反馈意见表（家长）

亲爱的家长：

  感谢您对池州市研学旅行研究中心实践活动的关注与支持，与我们一起走进杏花村生物多样性研学课堂。为了更好地了解您对教学活动的看法，使教学内容与方法不断得到优化，以便我们推出更优质的研学体验课堂，请您填写这份反馈意见表。您所提供的信息将仅用于课程优化工作，不会对外泄露您的个人信息。

池州市研学旅行研究中心

1. 您孩子的年级：   2. 您孩子参加的研学课程名称：

3. 请您按照自己的真实想法为本次研学活动打分（在相应分值上打勾，1分为最低分，5分为最高分）。

反馈意见	分值				
本次研学课程内容设计与学校课程的关联性	1	2	3	4	5
本次研学活动的行程安排和执行情况	1	2	3	4	5
本次研学课程设计的趣味性和学生参与度	1	2	3	4	5
本次研学课程对学生自我管理、学习探究和团队合作能力的培养	1	2	3	4	5
本次研学活动教师的专业素质和责任心	1	2	3	4	5
本次研学活动的安全保障情况	1	2	3	4	5
我会关注后续推出的研学课程并积极报名参加	1	2	3	4	5
我会将本次研学课程推荐给朋友	1	2	3	4	5

4. 您对孩子参加的本次研学活动是否满意？有哪些意见或者建议？

5. 您对此次研学活动课程设计（教学目标、地方特色等）是否满意？有哪些意见或者建议？

再次感谢您的参与和反馈，祝您生活愉快！

四、课程单元重组建议

本套课程包含6个主题课程、22个课程单元,在课程实施中教师可根据实际情况选择不同的单元自由组合,以满足不同研学对象在不同时空环境下开展研学活动的需求。

(一)半日营

本课程体系的22个课程单元,授课时长大多为120~150分钟,加上开营仪式和闭营仪式,任意一个课程单元均可独立作为半日营活动课程。

(二)一日营

本课程体系的6个主题课程中,任意两个课程单元均可组合成一个一日营活动课程,如在"湿地大侦探"主题课程中,"湿地科普师""湿地小卫士"两个单元可组合成一个全天课程;此外,主题课程间选取两个课程单元亦可灵活组合成新的主题课程,如表8-4所示。

表8-4 一日营课程单元重组示例

序号	主题	课程单元		目标人群[①]
1	春分识草蔬	(春分)节气与农耕	诗有约,草期遇	A、B、F
2	草地上的奇妙生灵	湿地放大镜	快刀手螳螂	A、B、F
3	湿地观鸟"趣"	湿地科普师	飞鸟启示录	A、B、C、F
4	诗词中的"花"样世界	诗有约,花相赴	杏花的春日之旅	A、B、C、D、E、F

注:①人群划分:A为小学生,B为初中生,C为高中生,D为大学生,E为成年人,F为亲子家庭。下表同。

(三)二日营

本课程体系中的每个主题课程,均由3~5个课程单元组成,共计2天行程,即二日营活动课程;在实际招募和课程实施时,可根据研学对象个性化需求,适时调整组合方案,形成新的主题课程,如表8-5所示。

表8-5 二日营课程单元重组示例

序号	主题	课程单元		目标人群
1	探访湿地守护者	湿地科普师	水生植物的生存智慧	A、B、C、D、F
		小芦苇 大世界	湿地小卫士	

湿地有约——杏花村生物多样性研学课程

（续表）

序号	主题	课程单元		目标人群
2	湿地里的昆虫课堂	蝴蝶变形记	快刀手螳螂	A、B、F
		丛林奇妙夜	湿地放大镜	
3	飞鸟与河流的故事	飞鸟启示录	候鸟"徙"游记	A、B、C、D、E、F
		"河"我一起，识秋浦	"河"我一起，护秋浦	
4	小小乡野生活家	农具寻宝记	水车的奥秘	A、B、F
		水生植物的生存智慧	水稻的一生	

（四）多日营

22个课程单元不同的排列组合可形成三日营、四日营、五日营乃至更多日程的研学主题课程，如表8-6所示。

表8-6 多日营课程单元重组示例

营期	主题	课程单元		目标人群
三日营	春天里的自然野趣	初识植物王国	诗有约，草期遇	A B F
		诗有约，花相赴	杏花的春日之旅	
		蝴蝶变形记	飞鸟启示录	
四日营	杏花村的夏日物语	节气与农耕	快刀手螳螂	A B C F
		丛林奇妙夜	水生植物的生存智慧	
		小芦苇 大世界	"河"我一起，护秋浦	
		飞鸟启示录	湿地小卫士	
五日营	诗村、诗河与湿地	节气与农耕	水车的奥秘	A B C F
		"河"我一起，识秋浦	"河"我一起，探秋浦	
		丛林奇妙夜	小芦苇 大世界	
		诗有约，花相赴	蝴蝶变形记	
		候鸟"徙"游记	诗有约，茶香溢	

此外，22个课程单元还可根据目标人群的具体要求，按照不同季节或特定主题进行个性化的排列组合，形成定制化课程方案以满足多元化需求。在实际操作中，授课内容和教

学方法需因人而异，根据目标人群整体认知水平、思维能力等进行相应调整。低年级学生"研究性学习"活动以观察、记录、描述类为主，重在对学生环境意识、态度、价值观的塑造；中高年级学生及成人群体"研究性学习"活动以调查、统计、实验、信息加工类为主，重在对环境知识和技能方法的教育，增强其解决环境问题的使命感和执行力。

参考文献

柏芸. 中国古代农具[M]. 北京：中国商业出版社，2015.

陈友订，刘传光，周新桥. 水稻生态育种学概论[M]. 广州：广东科技出版社，2023.

池州市杏花村文化旅游区管委会. 杏花村诗集[M]. 合肥：时代出版传媒股份有限公司，2018.

邓德智，景朝霞，刘乃忠. 研学旅行课程设计与实施[M]. 北京：高等教育出版社，2021.

国家林业局湿地保护管理中心，世界自然基金会. 生机湿地——中国环境教育课程系列丛书[M]. 北京：中国环境出版社，2016.

何家荣. 李白皖南诗文遗响[M]. 合肥：安徽文艺出版社，2017.

黄灏，张巍巍. 常见蝴蝶野外识别手册[M]. 2版. 重庆：重庆大学出版社，2009.

季风. 唐诗宋词里的趣事[M]. 北京：北京大学出版社. 2016.

蒋勋. 蒋勋说唐诗[M]. 北京：中信出版社. 2014.

李岑虎. 研学旅行课程设计[M]. 2版. 北京：旅游教育出版社，2021.

李开周. 宋茶[M]. 成都：四川文艺出版社. 2022.

李倩. 中国古代文学芦苇意象和题材研究[D]. 南京：南京师范大学，2013.

理查德·梅比. 杂草的故事（天际线丛书）[M]. 南京：译林出版社，2016.

陆穗军，郭乐东. 野外观鸟——观鸟基础入门[M]. 广州：广东科技出版社，2022.

马志军，陈水华. 中国海洋与湿地鸟类[M]. 长沙：湖南科学技术出版社，2018.

人民教育出版社课程教材研究所地理课程教材研究开发中心. 人教版地理（八年级上册）[M]. 北京：人民教育出版社，2013.

人民教育出版社课程教材研究所地理课程教材研究开发中心. 人教版地理（高中必修第一册）[M]. 北京：人民教育出版社，2020.

萨拉·罗斯. 茶叶大盗——改变世界史的中国茶[M]. 北京：社会科学文献出版社，2015.

邵丹，张秀丽，赵安琪，等. 自然体验活动课程案例集[M]. 北京：中国林业出版社，2022.

深圳一石. 美人如诗 草木如织：《诗经》里的植物[M]. 天津：天津教育出版社，2007.

苏生文，赵爽. 人文草木：16种植物的起源、驯化与崇拜[M]. 天津：天津人民出版社，2020.

同里国家湿地公园. 对话同里湿地——生机湿地环境教育系列课程之同里篇[M]. 北京：中国林业出版社，2020.

魏巴德，邓青. 研学旅行实操手册[M]. 北京：教育科学出版社，2020.

吴超. 常见螳螂野外识别手册[M]. 重庆：重庆大学出版社，2021.

吴海龙, 顾长明. 安徽鸟类图志[M]. 芜湖: 安徽师范大学出版社, 2017.

吴海龙, 赵凯, 程东升. 贵池鸟类图志[M]. 合肥: 中国科学技术大学出版社, 2019.

薛兵旺, 杨崇君, 官振强. 研学旅行实用教程[M]. 武汉: 华中科技大学出版社, 2020.

杨辉霞, 岳桂华, 于爱华. 1000种常见植物野外识别速查图鉴[M]. 北京: 化学工业出版社, 2024.

杨树, 陈佳颖. 温带蝴蝶翅膀的结构色机理研究[J]. 光学技术, 2021, 47(3): 339-343.

约瑟夫·克奈尔. 深度自然游戏[M]. 长沙: 湖南教育出版社, 2019.

张北, 林师玮, 卫逸云, 等. 探究蝴蝶翅膀的"外衣"[J]. 生物学教学, 2011, 36 (6): 56-58.

张秀丽, 黄文华, 何晨, 等. 在体验自然中成长(八达岭自然体验教育实践)[M]. 北京: 中国林业出版社, 2018.

张瑜. 刀斧精灵: 螳螂[M]. 北京: 人民邮电出版社, 2015.

赵力. 蝴蝶之翼中的色彩奥秘[J]. 知识就是力量, 2023(1): 14-17.

中国科普博览. 蝶蛾(鳞翅目)的主要识别特征[EB/OL]. [2021-05-07]http://www.kepu.net.cn/gb/lives/insect/lepidopter/lpd1101.html.

中国野生动物保护协会. 自然教育手册(让孩子体验自然之美)[M]. 北京: 中国农业出版社, 2020.

朱笑愚, 吴超, 袁勤. 中国螳螂[M]. 北京: 西苑出版社, 2012.

EDITORIAL SOL90, S. L.. 国家地理动物百科: 鸟类(上)[M]. 陈家凤, 译. 太原: 山西人民出版社, 2019.

PRAYING. 解构螳螂: 精心打造的"猎杀机器"[J]. 博物, 2023(9): 34-37.